LE GOUVERNEMENT INVISIBLE

DU MÊME AUTEUR

La Répétition, VLB (1989)

La Cité interdite, VLB (1991)

Cabaret Neiges Noires, en collaboration, VLB (1993)

38, La mort de Falstaff, Dramaturges Éditeur, (1996)

Jérémie-la-nuit, Conte Urbain, Dramaturges Éditeur, (1998)

L'Odyssée, en collaboration avec Alexis Martin, Dramaturges Éditeur (2000)

Tout ça m'assassine – La Déroute, à paraître

Au théâtre, Dominic Champagne a aussi fait jouer *Paradis Perdu*, *Import-Export*, *La Caverne*, *Vacarmes*, *Cabaret Perdu* et *Don Quichotte*, en collaboration.

Il a également écrit pour la télévision, où il a collaboré entre autres aux séries *Les Grands Procès*, *Le Plaisir croît avec l'usage*, *Le Martin-Trotteur* ainsi qu'à plusieurs téléthéâtres et émissions de variétés.

Le gouvernement invisible

DOMINIC
CHAMPAGNE

TÊTE [PREMIÈRE]

Conception graphique de la couverture : Bruno Ricca
Conception typographique et mise en page : Bruno Ricca
Révision linguistique et correction d'épreuves : Philippe Paré-Moreau

Tête première est une marque déposée des éditions de Tête inc.

Dépôt légal — 3e trimestre 2012
Bibliothèque et Archives nationales du Québec
Bibliothèque et Archives Canada

ISBN 978-2-924207-00-0

Aux citoyens qui ont milité
pour imposer le respect aux gazières.
À mon fils Arthur,
pour la suite du monde...

« Derrière le gouvernement visible siège un gouvernement invisible qui ne doit pas fidélité au peuple et ne se reconnaît aucune responsabilité. Anéantir ce gouvernement invisible, détruire le lien impie qui relie les affaires corrompues avec la politique, elle-même corrompue, tel est le devoir de l'homme d'État. »

Theodore Roosevelt - 1906

QUE DEVONS-NOUS FAIRE ?

Que devons-nous faire ? Individuellement et collectivement ? Avec l'éducation et le financement des universités ? Avec notre individualisme et l'accroissement des inégalités ? Avec l'exigence écologique et le réchauffement de la planète ? Avec le conservatisme ambiant, l'économisme triomphant et la division des forces progressistes ? Avec nos richesses naturelles ? Avec le pétrole en Gaspésie, au large des îles de la Madeleine et à Anticosti ? Avec la disparité grandissante entre Montréal, Québec et les régions ? Avec la souveraineté ? Comment faire du Québec, avec tout le potentiel humain, matériel, énergétique qu'on lui connait, la terre la plus agréable qui soit, le terroir d'une culture confiante et créative, un lieu d'accueil et de rencontre des communautés, un modèle de partage et de prospérité, de qualité de vie ?

On assiste depuis quelque temps à un réveil politique comme on n'en avait pas connu depuis longtemps : printemps des étudiants, automne des indignés, mobilisation contre le gaz de schiste ont été marqués par les revendications, parfois turbulentes et désordonnées, souvent inspirées, courageuses et articulées, d'une population et d'une jeunesse excédées par l'arrogance des puissants et animées par un esprit de justice qui réclame un meilleur partage de la richesse et la défense du bien commun.

Qu'on soit d'accord ou non avec les positions défendues par le mouvement étudiant, on ne peut reprocher à notre jeunesse de ne pas s'être engagée envers la chose publique, de ne pas nous avoir redonné le sens de la communauté politique. Sa révolte a contribué à révéler le profond malaise qui nous habite et les importantes questions qui nous divisent. Des enjeux dont la hausse des frais de scolarité n'est que la pointe de l'iceberg. Ce serait une erreur de laisser ces choses en plan.

Personnellement, après deux années intenses consacrées à militer comme citoyen, dans la bataille contre le gaz de schiste, puis pour la défense du Bien Commun au Jour de la Terre, j'ai songé à me lancer en politique active tant je suis convaincu de l'urgence de défaire le gouvernement libéral de Jean Charest, usé après 10 ans de pouvoir.

Je ne suis pas un politicien et je ne prétends pas avoir une opinion avisée sur chaque dossier d'affaires publiques. Mais je veux tenter de faire mon devoir de citoyen. Comme Québécois, comme artiste, comme père de famille, oserais-je dire comme citoyen du monde, je me considère comme un être privilégié, parmi les plus favorisés sur cette terre. J'aurai 50 ans dans quelques mois, je me sens un devoir de me mettre au service de la cité en témoignant ici de mes convictions avec toute la liberté possible.

Alors qu'on m'attendait plutôt du côté du Parti Québécois, de Québec solidaire, d'Option nationale ou encore du Parti vert, j'ai lancé l'idée de me présenter comme candidat *libéral indépendant*. Après avoir provoqué des réactions de toutes sortes et de tous les horizons politiques, j'avoue que ma déclaration, pour teintée d'ironie qu'elle fut, a pu générer quelque confusion. En tous cas, elle en a déconcerté plus d'un. Je veux lever ici toute amibiguïté: je suis profondément opposé aux Libéraux de Jean Charest. C'est à l'esprit des Libéraux de la Révolution tranquille qu'ont été les René Lévesque, Paul Gérin-Lajoie ou Georges-Émile Lapalme que je me référais, à ces hommes unis un jour par le désir de servir le bien public et d'en finir avec le conservatisme de leur époque. Époque qui ressemble étrangement à celle d'aujourd'hui...

Car aujourd'hui l'urgence nous est posée d'en finir avec ce régime qui nous divise et nous affaiblit collectivement. En cette importante période de débats, il m'est cependant malheureusement difficile de m'identifier pleinement à l'une ou l'autre des options proposées par les partis existants. Comme beaucoup d'autres, je suis écartelé entre mes convictions profondes et la nécessité de me rallier au compromis, à défaut de l'idéal. Peut-être par déformation professionnelle – au théâtre on aime bien avoir des salles pleines et jouer pour le plus grand nombre!–, je nourris le rêve d'un parti ou d'une alliance qui pourrait tenir ce rôle du véritable rassembleur dont nous avons tant besoin. Je suis persuadé que notre regain politique, à nous Québécois partageant un même territoire riche de ressources naturelles et humaines fabuleuses, ne trouvera sa solution que dans la conciliation de nos forces, dans notre capacité à nous tenir en équilibre entre les tensions créatrices de la gauche et de la droite, là où se trouve la social-démocratie.

LA FORCE DE LA CONCILIATION

Mon métier d'auteur dramatique m'a appris qu'il n'y a pas de spectacle sans conflit, pas d'intérêt au théâtre sans la montée dramatique d'une certaine polarisation des antagonismes. Mon métier de metteur en scène m'a appris aussi la nécessité de concilier les contraires pour faire naître l'harmonie. J'ai créé mes meilleurs spectacles dans la rencontre de ces fraternités qui semblaient à l'origine opposées ou improbables. Provoquant les étincelles, alimentant les dialogues, au service de l'œuvre. Il me semble que la leçon pourrait s'appliquer au monde politique, qui me semble parfois pas très loin du théâtre !

Du côté droit, les libres entrepreneurs, descendants des coureurs des bois, aventuriers, visionnaires, audacieux, chasseurs, intrépides marchands, habités par l'idée de l'aventure profitable, s'ingéniant à défricher, à trouver des filons et à bâtir, à inventer, à patenter, à produire, à financer, à distribuer, à exporter... Bref, à créer de la richesse.

Du côté gauche, les défenseurs du bien commun, génies dans la lampe, gardiens des phares et de l'humanité, qui s'affairent à nourrir la langue et la culture, à rechercher l'égalité entre les riches et les pauvres, les hommes et les femmes, et entre les générations, à promouvoir l'esprit démocratique, à favoriser l'entraide, l'économie sociale, les coopératives, le libre accès à la santé, à l'éducation, l'écologie... Bref, à défendre la qualité de la vie.

Ces deux forces sont titanesques et légitimes. Nous les connaissons tous, à divers degrés. On peut choisir l'affrontement et le renversement, la victoire de l'une sur l'autre. Comme aux Olympiques. Ou nous pouvons tenter, comme l'a réussi un modèle bien de chez-nous, de favoriser la rencontre d'une multitude de tendances, sous un même chapiteau, pour faire en sorte que les antagonismes s'opposent et s'apprivoisent, que les tensions soient créatrices, au service de la plus haute performance et de l'harmonie.

Nous sommes une société polarisée, mais nous avons une grande capacité à dialoguer sans nous faire violence et c'est là l'une de nos grandes réussites. À l'heure où l'on s'interroge sur la hausse des frais de scolarité, sur une juste utilisation des ressources, sur une médecine à deux vitesses, à l'heure où bien des questions risquent nous diviser, l'État a un rôle important à jouer pour assurer ce que l'on appelle la paix sociale. Plutôt que de laisser les choses dégénérer...

RÊVONS UN PEU

Le printemps dernier, au plus fort de la crise, j'ai lancé à quelques amis l'idée d'un petit jeu : nommer le gouvernement idéal, une équipe de rêve qui serait l'incarnation de cette coalition véritable, d'une conciliation nationale, une solution de rechange vraiment convaincante aux Libéraux de Jean Charest. Le vent qui a balayé le Québec l'an dernier avec l'élection inattendue du NPD a eu ceci de positif qu'il a ouvert la porte à tous les possibles. Je vous fais part ici des résultats de ce jeu, simplement pour vous faire sourire ou, peut-être, rêver un peu…

Claude Béland à la réforme des institutions démocratiques, Jacques Duchesneau à la Sécurité publique, Jean-François Lisée aux Relations internationales, Steven Guilbeault au Transport, Ugo Lapointe ou Richard Desjardins au Plan Nord, Laure Waridel à l'Économie sociale et à la Coopération, Camil Bouchard ou Normand Baillargeon à l'Éducation, Daniel Breton à l'Énergie, Julius Grey ou Véronique Hivon à la Justice, Marie-France Bazzo à la Culture, Martine Ouellet aux Ressources naturelles, Roméo Bouchard à l'Agriculture, Martine Desjardins à la Jeunesse, Bernard Drainville aux Affaires intergouvernementales, André Bélisle à l'Environnement, Maria Mourani aux Communautés culturelles, Ugo Latulippe au Tourisme, Claire Bolduc aux Régions, Ghislain Picard aux Affaires autochtones, Charles Taylor responsable des Aînés, Phyllis Lambert, comme Secrétaire d'État au Patrimoine et Pierre Curzi, Secrétaire d'État à la langue française... Ne manquait que Guy Carbonneau au Sport !

J'en suis persuadé, une majorité de Québécoises et de Québécois se retrouverait aujourd'hui dans cette équipe si elle se rassemblait autour de l'idéal social-démocrate, soudée pour assurer l'équilibre entre les forces vives du Québec contemporain, inspirée par un leadership fort et déterminé. Ce leadership nous manque aujourd'hui. Dans ce gouvernement virtuel, Pauline Marois se retrouvait au Conseil du Trésor, François Legault au Développement économique, Amir Khadir à la Santé, Françoise David à la Condition féminine, Jean-Martin Aussant aux Finances, Gilles Duceppe à l'Emploi et à la Solidarité sociale. Le Premier ministre ? Fred Pellerin ! On avait le droit de rêver ! C'était au printemps dernier...

Dans ce rêve d'une véritable coalition nationale, je songe souvent à mon défunt père. Un *nationaliste* qui a voté libéral toute sa vie et qui aujourd'hui serait bien en peine de voter pour le parti de Jean Charest tant l'entreprise de dépossession du bien commun constitue un recul dans notre avancée. Laissez-moi vous raconter ce que je dois à mon père...

NOUS SOMMES TOUS DES CITOYENS D'ANTICOSTI

En 1974, Roland Champagne Jr., architecte de formation, était sous-ministre au Tourisme. Et, à ce titre, au nom du gouvernement du Québec, il a racheté l'île d'Anticosti, alors propriété d'une entreprise forestière canadienne et terrain de chasse et de pêche réservé aux riches Américains, pour en faire un parc disponible à tous les Québécois. C'était un geste de réappropriation du bien public, au nom de l'intérêt collectif. Une carte géographique accrochée aux murs du sous-sol familial affichant fièrement Anticosti, colorée en vert, faisait son orgueil.

En 2006, le gouvernement libéral de Jean Charest fermait la division Hydro-Québec Pétrole et Gaz, propriétaire des permis d'exploitation du pétrole et du gaz sur l'île d'Anticosti. En 2008, le même gouvernement a procédé à la vente de ces permis à des intérêts privés sans que les actionnaires que nous sommes ne sachent sous quelles conditions. Aucune politique, sinon celle du laisser-faire, motivait cette action. Aujourd'hui, après que l'on ait procédé au démantèlement de nos sociétés d'État, des intérêts privés en partie financés par des intérêts étrangers sont à explorer nos ressources en pétrole, sans qu'il n'y ait eu ni mandat électoral de notre part, ni débat public, ni étude environnementale, ni politique sur l'énergie, ni loi sur les hydrocarbures. En outre, on sait que ces entreprises privées bénéficient non seulement de la connaissance dans laquelle nous avons investi grâce à nos sociétés d'État, mais que certains des actionnaires de ces entreprises ont été soit des membres actifs de ces mêmes sociétés d'État – avant de *passer au privé* –, soit des amis proches du gouvernement !

Certains ont qualifié de *vol du siècle* cette scandaleuse manière de procéder. Je suis persuadé que bon nombre de Libéraux sont aujourd'hui bien en peine d'être associés à cette entreprise de dépossession, d'autant plus que cette histoire est révélatrice de ce qui est en train de se passer à la grandeur de notre territoire.

Il ne fait pas de doute à mes yeux que le gouvernement de Jean Charest a abusé de son pouvoir en prenant la liberté de céder les permis d'exploitation d'Anticosti sans mandat de la population. Comme les Libéraux sont loin aujourd'hui de l'esprit démocratique qui avait présidé à la nationalisation de l'électricité lors de l'élection référendaire de 1962, du fameux « Maîtres Chez Nous » ! Que reste-t-il de cette tradition libérale en 2012 ?

J'en suis persuadé, mon père ne voterait pas libéral cette année. Indigné, il aurait sans doute à cœur de renvoyer le parti de Jean Charest aux douches. Comme disait René Lévesque lors de la campagne électorale de 1960 : « Il faut débarquer ces gens-là. » Aujourd'hui, je crois que nous devons nous unir à cette tâche, en exerçant notre devoir démocratique le plus élémentaire : voter.

La tragédie de Hamlet s'ouvre sur l'apparition du spectre de son père, qui vient d'être assassiné et qui demande à son fils de le venger. Hamlet se retrouve ni plus ni moins avec une arme dans son poing, en joue sur le pouvoir en place. Et il se demande : que faire ? Je ne suis pas le prince du Danemark, mais je sais qu'il y a quelque chose de pourri sous le ciel où nous vivons. Et, avec Hamlet, je me demande quoi faire de l'appel de mon défunt père.

Que devons-nous faire avec Anticosti, la perle du Saint-Laurent ? À l'heure où nous savons que nous devons résolument concentrer nos efforts à nous libérer des énergies fossiles, faut-il se résoudre à y développer une industrie pétrolière ? Je ne veux pas m'opposer en pur et dur à tout développement. Nous consommons tous du pétrole. Que nous importons à grands frais – 14 milliards en 2011 –, et avec risques pour l'environnement. Nous savons que nous tenons peut-être là une source importante d'enrichissement. Mais avec quel impact sur notre monde ? Le cas échéant, aux mains de quelle entreprise ce développement devrait-il se faire ? Quelle part l'État devrait-il y prendre ? Et à quoi serviraient les bénéfices éventuels tirés du pétrole ? À rembourser la dette ? À financer la santé et l'éducation ? Ou encore à financer notre transition vers des énergies renouvelables, vers notre indépendance énergétique et une véritable révolution dans le transport qui engagerait résolument le Québec dans le XXIe siècle ?

Je n'ai évidemment pas la réponse à ces questions. Mais je n'admets pas que ceux qui nous gouvernent nous privent d'un débat aussi fondamental qui nous permettrait de mesurer démocratiquement ce qui doit servir nos intérêts pour le mieux.

LE PÉTROLE ET NOUS

Le pétrole pèse très lourd dans tout ce qui règle et dérègle notre vie sur terre. Toute logique de production doit donc être liée à cette nouvelle exigence : l'impact sur le réchauffement climatique. À l'heure de la découverte de gisements de la Gaspésie aux limites de Terre-Neuve en passant par Anticosti, nous avons d'importants choix à faire. Ces choix doivent être faits démocratiquement.

On le sait, de Wahsington à Ottawa, les puissants intérêts liés au pétrole et au gaz s'accrochent au pouvoir qu'ils exercent pour s'assurer de l'accès aux sources de leur enrichissement, sans égard aux bénéfices des citoyens que nous sommes. Le Québec s'apprête à entrer dans le grand jeu à son tour. La pression mise par Terre-Neuve nous obligera à des choix difficiles rapidement. Allons-nous encore une fois nous taire et laisser faire ?

Pour l'heure, les projets d'exploitation du pétrole ne sont encadrés par aucune vision globale du développement énergétique au Québec. Bien sûr, les projets en cours sont créateurs d'emplois. Mais c'est un faux débat. Le cas échéant, autant d'emplois seraient créés par un développement dont la maîtrise d'œuvre serait celle de l'État. Aussi, un vaste champs de développement s'offre à nous en matière d'énergies vertes, créateur de nombreux emplois et prometteur avenir d'un plus grand. Une politique d'envergure s'impose. Pas une improvisation au bénéfice du premier arrivé.

Le Canada est en train de changer profondément son économie et ses institutions, sous l'influence des puissances liées au pétrole. L'exploitation des ressources de l'Alberta se déroule au prix d'un important coût environnemental. Au Québec, l'exploitation des hydrocarbures est toujours encadrée par la vieille loi sur les mines, qui date du XIXe siècle et qui a actuellement préséance sur les lois en matière d'environnement, de protection du territoire agricole et d'aménagement du territoire. Nous avons un important virage à effectuer. Que proposent les partis ?

Les positions actuelles des partis politiques font preuve d'un éloquent manque d'envergure ou d'un silence suspect. Essentiellement, le Parti libéral a pour politique le laisser-faire, tout à la libre entreprise, moyennant des redevances *compétitives*, excluant l'idée d'un moratoire qui permettrait un débat de fond. Pour Anticosti, le PQ se limite à réclamer une évaluation environnementale sans exclure quelque forme d'exploitation par la suite. À l'instar des Conservateurs, la CAQ espère même accélérer ce processus d'évaluation ! Option nationale est favorable au développement dans une perspective durable. Québec solidaire est quant à lui fermement opposé et veut interdire toute exploration pour les 25 prochaines années.

Je suis partisan de la mise sur pied d'une vaste politique nationale sur l'énergie et les transports, en vue d'adopter une loi qui encadrerait clairement la transition du Québec vers des énergies propres. Je réclame une étude environnementale stratégique sur toute exploitation pétrolière et gazière couvrant l'ensemble du territoire du Québec qui permettra aussi d'envisager sérieusement toutes les options qui s'offrent à nous. Le développement éventuel de cette industrie deviendra acceptable si et seulement si la preuve est faite que les risques et les coûts environnementaux sont moindres que ceux que nous encourons actuellement ET si les bénéfices collectifs permettent de financer notre transition vers un Québec affranchi des énergies polluantes.

UNE INSPIRATION SCANDINAVE

La Norvège est un pays de 5 millions d'habitants et l'un des États les plus progressistes au monde, modèle de social-démocratie. Ce pays a bâti la richesse de sa société sur sa manière d'utiliser ses ressources au profit de la collectivité. Depuis 40 ans, l'État s'y est fait le partenaire de l'entreprise privée dans l'exploitation du pétrole. Ce modèle n'est pas parfait, mais, aujourd'hui, les Norvégiens disposent d'un fond pour les générations de 600 milliards $. En Suède, au contraire, on a entrepris l'immense chantier de libérer le pays du pétrole d'ici 25 ans.

Préférons-nous le modèle norvégien ou suédois ? Quelque part entre ces mondes-là, je suis persuadé qu'il y a un modèle québécois possible, le meilleur pour notre réalité. À moins que l'on ne fasse confiance au modèle canadien défendu par les conservateurs Stephen Harper, Jean Charest et Lucien Bouchard...

Je veux croire que nous sommes capables d'une cohésion qui mènerait à un modèle de conciliation entre l'économie et l'écologie, entre l'intérêt individuel et l'intérêt collectif, où prospérité sera synonyme de qualité de vie plutôt que de quantité de biens produits. Nous en sommes capables. Nous avons réalisé ce genre de miracles avec la nationalisation de l'électricité. En ayant à cœur le bien public, en misant sur notre génie et notre capacité d'invention et en faisant des choix stratégiques, nous avons tout le potentiel pour faire du Québec une puissance mondiale en énergie verte. Ce qu'il nous faut se résume en deux mots : volonté politique.

UNE LEÇON DE DÉMOCRATIE

La saga du gaz de schiste a été pour moi un puissant révélateur de certains grands enjeux qui sont en train de façonner le monde dans lequel on vit. Soutenue à la fois par le gouvernement libéral de Jean Charest et d'anciens chefs péquistes, l'invasion de l'industrie gazière m'a amené à prendre parti sur l'échiquier politique, en faveur des citoyens contre la domination de cette industrie prête à prendre le risque de sacrifier la qualité de vie des gens sur l'autel du développement à tout prix, au profit d'une minorité.

En septembre 2010, dans la salle municipale du petit village de St-Édouard de Lotbinière, lors d'une soirée organisée par l'Association des Pétrolières et Gazières du Québec, présidée par André Caillé, devant l'arrogance et le pouvoir grandissant d'une industrie qui a élevé au rang de culte le crédo du développement, je découvrais le sentiment de l'indignation. Ce sentiment ne m'a pas quitté depuis.

Découvrant parmi mes concitoyens tout un monde qui aspire non pas à s'enrichir mais à défendre la qualité de la vie, j'ai assisté à une formidable leçon de démocratie. Plus que les partis politiques, ce sont d'abord les citoyens eux-mêmes qui, alertés par quelques écologistes, ont été à l'avant-garde de cette action politique contre l'invasion des gazières dans la vallée du Saint-Laurent. Dans cette mobilisation hors du commun, j'ai été témoin d'un extraordinaire mouvement citoyen auquel j'ai été fier d'appartenir pour y avoir vu des hommes et des femmes de tous les horizons – agriculteurs, vétérinaires, plombiers, scientifiques, étudiants, professeurs, entrepreneurs, ouvriers, chômeurs, ingénieurs, employés de bureaux, artistes et écologistes – mettre l'épaule à la roue et faire la preuve d'une capacité d'engagement et d'une conviction remarquables, d'une redoutable efficacité. Ces forces-là sont celles de l'avenir.

Fort de cette expérience, je suis persuadé que nous gagnons tous, individuellement et collectivement, à nourrir l'effort concerté d'une plus grande participation à la vie démocratique, à l'exercice de la démocratie. Si l'on veut que les choses changent, il ne suffira pas d'y réfléchir et d'émettre son opinion, de s'indigner ou de rêver, il faudra aussi s'y mettre concrètement. Nous sommes à l'heure de choix importants qui nous concernent tous, car il s'agit de l'utilisation de notre territoire et de l'exploitation de la richesse collective dont les enjeux économiques pèsent beaucoup plus lourd dans nos finances publiques que ceux des frais de scolarité !

En toute sincérité, après la vente en douce des permis d'Anticosti, après la saga du gaz de schiste, après la lancée du Plan Nord, après la résistance indue face aux allégations de corruption et de collusion, après la crise financière de 2008 et les pertes effarantes et toujours inexpliquées de la Caisse de dépôt et placement du Québec, après l'importante augmentation de la dette, après le discrédit jeté sur l'éolien et les subventions à l'industrie de l'amiante, après l'automne des indignés et le printemps des étudiants, après des mois où la démagogie l'a emporté sur la démocratie, force est d'admettre que Jean Charest a lamentablement échoué à servir l'intérêt public, que le Parti Libéral est mûr pour une remise en question de son leadership et de sa philosophie politique, que l'économisme triomphant a fait son temps et que la politique de la *réingénierie de l'État* et des *deux mains sur le volant* nous ont conduit dans un cul-de-sac, bref : IL FAUT DÉFAIRE LES LIBÉRAUX !

Face à ce triste bilan, les forces populaires progressistes demeurent cependant divisées pour proposer une politique qui puisse nous rallier en une claire et éloquente majorité. Si être au service de la démocratie, c'est engager sa voix envers la chose publique, je vous fais part des principales préoccupations qui m'habitent et qui me semblent de la première importance :

- Une utilisation intelligente, juste et sage de nos ressources naturelles collectives : maîtrise-d'œuvre de l'État, politique énergétique globale, exigence écologique.

- Un meilleur partage de la richesse : soutien à l'économie sociale et aux coopératives, redevances sur les ressources, fiscalité progressive, lutte à l'évasion fiscale.
- Une réforme des institutions démocratiques et une meilleure représentativité des intérêts des citoyens : élection à date fixe, limitation des mandats, démocratie participative, référendum d'initative populaire, proportionnelle, constituante.
- Rétablissement de la confiance dans l'État : ce qui passe nécessairement par l'intégrité du gouvernement, la lutte à la corruption et la mise en place de mesures adéquate.
- Une éducation supérieure comme lieu de connaissance libre et démocratique.
- La promotion de la culture en général et de la langue française en particulier comme lieu de notre cohésion sociale et de notre bonheur commun.

CONTRE LA DÉMAGOGIE

Lorsque l'on entend Jean Charest dire que c'est maintenant à la *majorité silencieuse* de parler, après tous ceux qui se sont exprimés *bruyamment* ce printemps, on mesure tout le sens qu'il accorde au mot démocratie. Comme si la démocratie se résumait à aller voter une fois tous les quatre ans et à se taire et laisser faire le reste du temps ! Trop souvent la démagogie l'emporte et fait insulte à notre intelligence, contribuant ainsi à la résignation et au cynisme ambiant.

Le plus haut niveau d'individualisme, c'est être prêt à tromper l'intérêt public. À ce titre, il est époustouflant de constater à quel point Jean Charest respecte souvent peu le souci de la vérité, l'exigence élémentaire de débattre franchement. Il nous faut rompre avec la mauvaise foi et l'esprit partisan qui, en multipliant les subterfuges et les lieux communs, érige le mensonge en système. Après avoir largement contribué à créer un climat de tension sociale avec la crise étudiante, Jean Charest se pose en défenseur du droit et de l'ordre ! Après avoir voté l'odieuse loi 78 dénoncée jusqu'aux Nations unies, il se targue de défendre la démocratie ! Stratégie d'une redoutable efficacité : j'ai bien vu la peur dans les yeux de certains concitoyens...

Il y a urgence à remettre un peu d'éthique et de sens commun au centre du débat public. Tant et aussi longtemps que pèseront les lourds soupçons de mensonges sur notre gouvernement, et que nous aurons l'amère impression que certains individus utilisent leur influence ou leur ruse pour contourner les règles, éviter de payer leur impôt, s'approprier l'argent des contribuables et les permis sur les ressources, il n'y aura pas de reprise de confiance en ces institutions dont nous avons tant besoin. Nous ne vivons pas que de pain. Nous avons aussi soif de vérité et de justice.

NOUS SOMMES CONTRE LE CONSERVATISME NÉOLIBÉRAL

Nous sommes les contemporains d'un niveau de richesse inégalé, mais nous savons bien que quelque chose ne tourne pas rond. Nous le voyons dans les médias : des milliardaires s'éclatent dans des orgies de luxe pendant qu'un milliard d'êtres humains se meurt de faim. Pendant ce temps-là, la classe moyenne s'appauvrit, et quand dans la rue des anarchistes en colère cassent des vitrines, Jean Charest pousse des blagues devant ses amis du Plan Nord qui rient aux éclats, chacun salivant devant sa part du gâteau. Depuis quelque temps, le raisonnement économique qui tenait lieu de principale politique s'enlise. Nous commençons à sentir les limites du système défendu par les partisans de Jean Charest, ce conservateur déguisé en libéral !

Pendant longtemps désenchantés de tout projet de société, doutant de notre pouvoir de changer les choses, nous nous étions rabattus sur des bonheurs plus personnels, plus accessibles, plus immédiats. Notre individualisme avait triomphé de notre volonté commune et de notre confiance en la collectivité. Nous nous étions désengagés de la politique. Tout est allé à l'économie.

Nous avons fait de l'accroissement des richesses matérielles notre principal projet de société, une fin en soi, le but de notre vie sur terre, un dogme, presque une religion. L'économie est devenue la valeur absolue à l'aune de laquelle nous nous sommes mis à juger de notre bonheur commun. Asservi aux seuls critères du développement et de la croissance, au détriment de la qualité de la vie, du respect des acquis sociaux, des êtres humains et de l'environnement, le modèle de *création de richesse*, aveuglé par le rendement, fondé sur une exigence de profits aux actionnaires plutôt que sur une production réelle, ce modèle d'enrichissement au bénéfice d'une minorité et au détriment de la majorité, ce modèle a fait la preuve éloquent de son échec lors de la crise de 2008.

Cette crise financière majeure est venue consacrer les grandes failles, voire l'échec des raisonnements idéologiques de la droite. Nous savons maintenant que les partisans du libre marché n'ont pas le monopole de la vérité. Notamment parce qu'ils ont trouvé leurs solutions à la crise financière dans les ressources même de l'État qu'ils combattent depuis 30 ans !

Ce sont nos gouvernements qui ont distribué l'argent de nos impôts pour sauver de la faillite les banques et les sociétés privées ! Or, voilà que l'année suivante, banques et grandes entreprises fracassent de nouveaux profits records et que leurs présidents empochent des salaires toujours plus élevés. Des revenus sans commune mesure avec le salaire moyen de leurs employés, dont on menace les conditions de travail et la sécurité d'emploi. Et l'État, complice impuissant, à son tour menacé de décote, est obligé à un plan d'austérité et de réductions des dépenses publiques, à se désengager partout où il le peut, chaque jour encouragé par des faiseurs d'opinions passés maîtres dans l'art de la formule-choc et du raccourci intellectuel contre l'État.

Nous reconnaissons à quel point l'État est essentiel à la défense de l'intérêt public. Mais les forces de l'oligarchie s'accrochent à ses privilèges, avec l'appui des gouvernements qu'ils ont mis en place. Ceux-là mêmes qui riaient avec Jean Charest, l'autre jour au Centre des congrès. Ou, l'autre soir encore, à l'anniversaire de Madame au château...

« Derrière le gouvernement visible siège un gouvernement invisible... »

Les raisons de nous indigner ne manquent pas: spoliation de nos ressources, accroissement des inégalités, appauvrissement de la classe moyenne, dégradations de nos milieux de vie, privilèges fiscaux, corruption érigée en système, investissements militaires démesurés, convergence médiatique, perte de démocratie. Nous avons besoin que l'État intervienne.

DES LIMITES DU DÉSENGAGEMENT DE L'ÉTAT ET DU BON USAGE DE NOS IMPÔTS

Convaincu du bien-fondé du laisser-faire et de la suprématie du libre marché comme moteur de la création de la richesse, le gouvernement libéral de Jean Charest, comme celui de Stephen Harper, œuvre à réduire l'intervention de l'État dans les affaires publiques. On nous a tellement martelé que *le moins d'État possible* allait générer le plus de bénéfices à la société que nous avons fini par y adhérer. Hors de la déréglementation et du démantèlement de l'État, point de salut. Apparemment, tout ce que pouvait faire l'État, le privé pouvait le faire mieux et pour moins cher. À commencer par l'exploitation de nos ressources naturelles et la construction de nos infrastructures...

Au Québec, en abandonnant à l'entreprise privée des pans entiers des services publics, l'État s'est considérablement affaibli et a perdu son expertise en plusieurs domaines. La preuve éloquente des limites de ce crédo néolibéral est l'impossibilité où le ministère des Transports se trouve d'évaluer convenablement les travaux de construction de nos routes!

À l'heure où avec le Plan Nord on annonce des investissements de plusieurs milliards dans les infrastructures, avec les allégations de corruption et de collusion érigées en système, il est permis de se demander ce qu'il adviendrait des fonds publics si nous restions aux prises avec cet obscurantisme dans l'attribution des nombreux contrats à venir. La démocratie et la vérité devraient-elles s'en remettre à la curiosité de quelques journalistes ? Avec la poursuite des travaux de la commission Charbonneau, la question maintenant n'est plus de savoir si le gouvernement Charest, qui a résisté effrontément aux demandes pressantes d'une commission d'enquête, a peur de la vérité dans cette affaire, mais bien quel plat mensonge il trouvera pour excuser ses égarements. Il est urgent de reprendre confiance en nos institutions publiques pour nous assurer du bon usage de nos impôts.

LES FORCES DU CHANGEMENT

Aujourd'hui la génération montante s'inquiète du monde dont elle va hériter. Avec elle, les forces populaires, qui étaient jusqu'à tout récemment démobilisées ou désorientées, se sont réanimées. Elles ont partagé leur indignation et dénoncé les sources de leur inquiétude. Un cœur s'est mis à battre avec de plus en plus d'assurance pour revendiquer un meilleur exercice de la démocratie, un plus grand partage de la richesse, un développement qui soit véritablement durable, axé non pas sur la croissance illimitée, mais sur le respect des écosystèmes.

Afin d'éviter que l'indignation ne devienne une fin en soi ou une colère stérile, une fois dénoncé les excès d'un système économique devenu trop radical, les partis politiques ont maintenant le devoir de traduire les aspirations populaires par des mesures concrètes et d'orienter les mécontentements et les sentiments d'injustice dans un discours fédérateur. Pour faire arriver ce rêve, encore faudra-t-il le nommer. Beaucoup de choses ne nous plaisent pas, mais en quoi pouvons-nous croire ? Quelle force canalisera ces énergies pour incarner un réel changement ?

Les choses changeront quand un groupe de gens éclairés, éveillés et déterminés, en phase avec les aspirations populaires, prendront la direction des affaires. Nous avons connu cela en 1960, puis en 1976. Chaque fois, l'État a joué un rôle majeur dans notre avancée. Pour qu'il puisse redevenir un moteur digne de confiance, notre gouvernement doit être appuyé par une volonté populaire forte. Seul un relais qui formalisera par des politiques précises cet élan démocratique clairement affirmé saura nous décoincer et mettre en œuvre le coup de barre qui s'impose. Il est temps de reprendre confiance en cette forme de gouvernement qui fait le pari de l'équilibre entre le libre marché et l'État : la social-démocratie.

CE QUE NOUS VOULONS CONSERVER
LES FONDATIONS SUR LESQUELLES NOUS VOULONS BÂTIR

Il suffit de voyager un peu dans le monde, pour constater à quel point le Québec est une société prospère. Nous sommes des privilégiés et nous pouvons aujourd'hui être fiers de nombreuses réussites. Attachés aux libertés individuelles et collectives, et animés par un fort esprit de justice, nous sommes devenus les champions de l'égalité en Amérique du Nord.

Depuis le jour où nous avons pris confiance en l'État, grâce aux politiques dont nous nous sommes dotés, notre social-démocratie a permis aux Québecois une avancée extraodinaire. Nous avons pris confiance en nous, bâti des écoles, universalisé notre système de santé, de sécurité sociale. L'esprit de corvée a accompli des miracles, on a déplacé des montagnes de béton pour harnacher les rivières les plus fougueuses, nous nous sommes affirmés politiquement, réalisés économiquement, épanouis culturellement.

Nous avons l'esprit coopératif et le sens de la solidarité, nous avons le taux de syndicalisation le plus élevé du continent, sans que cela ne nous empêche de nous poser des questions bien légitimes sur certaines dérives syndicales. Un bon sens de la planification économique et de la négociation collective nous ont permis de prendre confiance en notre capacité à nous réaliser et à servir nos intérêts. Nous avons bâti un art de vivre fondé sur le respect de la personne et l'ouverture sur le monde. Nous pouvons célébrer avec fierté la grandeur de cet élan collectif, tout ce que avons été capables d'accomplir avec le concours d'hommes et de femmes qui se sont mis au service de leur communauté, de l'État et des intérêts de leur nation, avant de songer à leur profit personnel. La Révolution tranquille demeure l'un des fondements de ce que collectivement nous avons accompli de mieux.

C'est en faisant le pari de la conciliation des contraires, en affirmant clairement l'idéal de cet équilibre entre les forces de la gauche et de la droite, rendu possible avec la présence d'un État agissant comme le véritable maître d'œuvre de la cohésion sociale, que nous servirons l'intérêt supérieur des citoyens. Aujourd'hui, plus que jamais, l'équilibre que nous avons bâti est menacé. Ce modèle, certes perfectible, doit demeurer notre idéal commun.

Il est important que nous abordions l'avenir dans un esprit de continuité. Que nous bâtissions sur ce que nous avons construit, sans tout démanteler. Peut-être pourrions-nous commencer par nous rappeler que le monde ne s'est pas toujours nourri aux sources du rendement économique ? Il fut un temps où l'on a cru qu'un niveau raisonnablement élevé de dépenses publiques, gérées sous la gouverne de nos élus, était une bonne politique. Ce n'est pas en détruisant un modèle qui a porté tant de fruits que nous allons améliorer notre situation collective. La *réingénierie de l'État* proposée Jean Charest est un leurre. C'est le sens de la collectivité qui doit nous guider. Que notre économie soit au service de notre société et non l'inverse ! Nous sommes mûrs pour nous faire collectivement confiance à nouveau.

LA LEÇON DES ÉTUDIANTS

Essayons sincèrement de regarder les choses en face et d'y voir clair en toute honnêteté. Une partie importante de notre jeunesse étudiante a pris la rue, nous avons le devoir de l'écouter et de tenter de répondre aux défis qui nous sont lancés. En nous élevant au-dessus des réductions où la démagogie voudrait nous tenir.

De quoi les étudiants se plaignent-ils fondamentalement ? Du désengagement de l'État. Ce que leur cri a mis en jeu avec force, c'est le type de société dans laquelle nous voulons vivre. Ce serait une erreur de ne pas tenter de répondre à cette question, de nous laisser berner par les tentatives de tout ramener à un débat sur la violence ou les soi-disant caprices d'une jeunesse trop gâtée.

Il est d'ailleurs éloquent de constater qu'en 1960, les Libéraux de Jean Lesage se sont fait élire en promettant l'accès gratuit à l'éducation pour tous, à tous les niveaux.

QUE VOULONS-NOUS VRAIMENT ?

Dans quel monde voulons-nous vivre ? Est-il possible de convenir d'un certain nombre de valeurs communes, que nous allons privilégier, pour améliorer le bien-être de tous ? Est-il possible de reprendre confiance en nous-mêmes, collectivement, à travers un État démocratique, plutôt que de poursuivre dans la voie du laisser-faire, dont la motivation première est le profit de quelques-uns ? À force de se faire matraquer l'esprit par *le moins d'État possible*, *le moins d'impôt possible*, *le moins de subvention possible*, aux universités comme ailleurs, serions-nous devenus insensibles à la nécessité d'une entente commune qui nous rallie ? D'un même État comme promoteur et défenseur de nos valeurs ? De quel type de gouvernement voulons-nous ?

Un gouvernement où le laisser-faire économique d'une minorité impose ses décisions à la majorité ? Ou un gouvernement défenseur de l'intérêt public mettant l'économie au service des décisions politiques, fruits de réelles délibérations démocratiques ?

LES IDÉAUX QUI NOUS RALLIENT

J'en suis persuadé, ce que les hommes et les femmes de bonne volonté veulent vraiment, ce n'est pas d'être de plus en plus riches, c'est de vivre mieux, dans un monde équilibré entre la liberté (individuelle, de parole, d'entreprise, de mouvement), et la recherche de l'égalité (collective, entre les hommes et les femmes, entre pauvres et riches, entre autochtones et les immigrants) en harmonie avec la nature. Voilà l'idéal que nous devons atteindre.

Nous sommes les habitants d'un pays vaste et riche. Et nous savons que nous pouvons avancer, vite et droit, nous l'avons déjà fait. Il nous revient à nous d'incarner les exigences de partage de richesse, d'une économie qui soit écologique, d'un accès à l'éducation et à la culture. Tout cela nous concerne tous. À l'heure des importants choix que nous avons à faire, au moment où on lance un immense chantier d'exploitation de nos ressources, pouvons-nous enfin nous rallier démocratiquement, mobiliser les forces vives du Québec et nous organiser pour concilier les intérêts des libres entrepreneurs avec les aspirations populaires ?

Sommes-nous devenus à ce point obsédés par la course à la richesse matérielle et à la consommation pour tout laisser aller ? Si nous avons pu, en l'espace d'une génération, laisser dégénérer le cœur de nos villes et de nos villages au profit des centres d'achats et des grandes surfaces qui sont devenus les cathédrales du XXIe siècle, il est temps de nous ressaisir ! Il est temps de rompre avec ce cercle vicieux qui, comme un serpent qui se mord la queue, se nourrit de la chaîne production/consommation/pollution. Le laisser-faire a assez duré. Il doit être remplacé.

Les réponses aux nombreux défis qui nous sont posés seront complexes, et nous ne pouvons nous contenter de simplifications abusives. Dans le contexte d'explosion démograpique planétaire et face aux exigences posées par l'émergence de nouvelles forces économiques mondiales avides de ressources et de biens de consommation, il est impératif de convenir de certains principes qui vont orienter les choix de notre gouvernement.

Notre liberté de penser, de croire, d'agir, d'entreprendre ou de nous enrichir nous a procuré une grande capacité à nous accomplir, une qualité de vie unique dans l'histoire du monde, un immense pouvoir d'achat. Mais quand cette liberté devient aussi une source d'injustices ou d'inégalités, un nouveau contrat social s'impose. Pour maintenir l'équilibre avec l'équité et la justice sociale, notre défi est de réussir à encourager et à soutenir l'esprit d'entreprise tout en sachant comment harnacher cette énergie pour qu'elle profite à toute la collectivité.

En cette ère d'accroissement des inégalités, et d'appauvrissement de la classe moyenne, l'État doit se faire le gardien d'une meilleure redistribution de la richesse pour redonner à l'économie sa dignité démocratique. Dans une société plus égalitaire, la plupart des citoyens vivent plus vieux, le niveau d'éducation est plus élevé, l'usage de la violence et les problèmes liés à l'alcool diminuent, bref plus un pays est équitable, plus les gens qui y vivent sont heureux. Nous devons réaffirmer cet idéal commun. Le rêve n'est plus aussi américain qu'on le croyait !

CAPITALISTES OU SOCIALISTES ?

Malgré les excès du capitalisme, je crois que la grande majorité des gens ne sont pas dogmatiquement opposés au libre marché. En général, on ne s'indigne pas du fait que celui qui a obtenu du succès après avoir pris telle initiative ou tel risque en tire profit. La soif d'un bénéfice est un moteur de création de richesse qui a fait ses preuves. L'être humain étant ce qu'il est, cupide et ambitieux, la compétition entre un individu et un autre, ou entre une entreprise et une autre, permet de produire des bénéfices souvent profitables à la communauté. En ce sens, je demeure un partisan de la liberté d'entreprise, et condamner le marché et la concurrence me semble bien dogmatique.

Par contre, l'ériger au rang de culte absolu et faire du développement économique une religion au nom de laquelle on pourra se permettre de sacrifier une part de notre humanité me semble répréhensible au plus haut point. La social-démocratie doit en quelque sorte nous protéger de nous-mêmes, nous aider à un juste retour du balancier de l'individualisme à la communauté.

L'ÉQUILIBRE SOCIAL-DÉMOCRATE

Modèle hybride, né d'un désir de compromis entre les idéaux capitalistes de libre entreprise et de propriété privée et les idéaux socialistes d'égalité et de justice, la social-démocratie doit nécessairement s'appuyer sur un consensus démocratique pour imposer ses règles.

La social-démocratie, c'est le contrat social où les individus font confiance à la capacité d'œuvrer collectivement. C'est confier aux élus le mandat d'agir comme intermédiaire pour rendre l'économie plus morale. C'est soutenir la libre entreprise tout en encadrant ses excès de liberté.

À l'individualisme doit se substituer une société consciente de sa force morale, capable de se regrouper en réseaux et de faire renaître son humanité perdue en cours de route au profit d'un esclavage de la production, de l'efficacité, du rendement aux actionnaires. En quoi telle mesure politique va-t-elle contribuer à l'avènement d'une société meilleure, d'un monde plus juste, plus beau, plus heureux, où l'on puisse vivre mieux ?

Restaurer la social-démocratie, c'est faire le pari que l'on se posera d'abord ce genre de questions, plutôt que de laisser faire les bulldozers du progrès, et que l'on saura débattre et concilier pour trouver des réponses dans l'intérêt de tous.

NOUS SOMMES POUR LE PARTAGE DE LA RICHESSE

Depuis 50 ans, une lutte incessante pour une plus grande justice sociale a fait du Québec l'un des endroits où le bonheur par habitant est l'un des plus élevés, l'un des pays les plus riches au monde. À l'heure où les inégalités vont en s'accroissant, ici comme ailleurs, nous avons le devoir d'exiger une meilleure redistribution de la richesse qui élimine l'écart entre l'extrême richesse et la pauvreté.

Aujourd'hui, aux États-Unis, royaume du laisser-faire, 1 % de la population empoche environ 25 % du revenu national. Les pays scandinaves, foyers de la social-démocratie, se distinguent par un écart très faible entre les plus riches et les plus pauvres. Leur expérience politique nous démontre que plus un pays est efficace dans le partage de la richesse, mieux se porte sa population, moins elle est violente, plus la confiance y règne. Ces pays se retrouvent systématiquement parmi les endroits où les indices mesurables du bonheur sont les plus élevés.

NOUS SOMMES POUR LA SOLIDARITÉ PAR L'IMPÔT

La honte, ce n'est pas d'être riche ! La honte, c'est que cette richesse, quand elle dépasse une certaine limite, ne soit pas suffisamment partagée ! Collectivement, nous devons redonner à l'État l'autorité nécessaire à assurer ce partage, par l'impôt.

Pourquoi un niveau élevé des impôts doit-il toujours être dénoncé et considéré comme un scandale ? L'idée ne devrait-elle pas être largement répandue que la redistribution de la richesse est un grand signe de civilisation, une valeur fondamentale à laquelle nous sommes attachés ? Et que de se soustraire à ce partage par la diminution des impôts, l'évasion fiscale ou les astuces comptables est le signe d'un manque flagrant de solidarité ?

Quand nos payons nos impôts, nous posons un geste de confiance envers les autres. Nous investissons notre gouvernement de la responsabilité d'être juste et équitable. N'est-ce pas un privilège que de pouvoir redonner à l'ensemble de la société qui nous a permis de nous enrichir ? De pouvoir profiter d'un système qui transforme une partie de nos revenus en services de santé, en éducation, en alimentation saine, en eau potable, en recherche scientifique, en système de transport, en œuvres d'art, bref, en qualité de vie accessible à tous, incluant ceux et celles qui ont moins de revenus et qui... ne paient pas d'impôt.

Au Canada, l'impôt des plus riches a été réduit de 45 % à 30 % en 30 ans. Ces dernières années, l'écart entre les plus riches et les plus pauvres se creuse plus rapidement ici qu'aux États-Unis, qui demeure l'une des sociétés les plus inégalitaires au monde. Nous n'avons aucune raison de suivre ceux qui exigent de libéraliser davantage notre modèle en réduisant les impôts. Au contraire !

Par une concertation pour un impôt progressif, tant sur les revenus des entreprises que par une taxe sur les transactions financières, par une action internationale concertée en vue de mener une lutte à l'évasion fiscale et aux paradis fiscaux, un contrôle plus étroit des banques et de l'emprise des agences de notations, l'État doit imposer une meilleure justice fiscale à tous, pour tous.

NOUS SOMMES DES AS DE LA COOPÉRATION

Toute richesse individuelle est d'abord le fruit d'une production collective et dépend en grande partie de la qualité du milieu, de la communauté où l'entrepreneur évolue. En fournissant à un individu un système d'éducation et de santé universel de qualité, en fournissant un environnement humain et matériel propice au développement de son entreprise, l'État est en grande partie actionnaire de chaque entreprise individuelle et donc en droit de revendiquer sa part des profits.

Aujourd'hui, on a tendance à oublier cette réalité. C'est la coopération qui est la véritable créatrice de la richesse. Aucun individu, si talentueux, si audacieux, si travaillant, si chanceux soit-il, ne saurait prétendre être l'unique responsable du succès de son entreprise. Cet esprit de coopération sociale est au cœur du succès que nous avons connu au Québec. Si les plus riches doivent payer plus de taxes et plus d'impôt que les autres, c'est tout simplement parce qu'ils profitent plus que les autres des possibilités que leur procurent la société où ils évoluent !

NOUS SOMMES POUR UNE ÉCONOMIE ÉCOLOGIQUE

Pour satisfaire notre exigence, il ne suffira pas de créer de la richesse et de la partager. Contrairement à la pensée qui pouvait habiter Christophe Colomb ou Samuel de Champlain, partis à la découverte d'un nouveau monde aux possibilités infinies, nous habitons dans un monde fini, dont les ressources sont limitées. Nous savons maintenant que si tous les pays faisaient une utilisation des ressources comparable à la nôtre, il nous faudrait l'équivalent de quatre planètes! Nous n'avons pas le choix, nous devons rompre avec la croissance comme moteur de notre économie. Objectivement, tout geste économique doit donc tenir compte de l'écologie. Il faut cesser de voir l'écologie comme un frein à l'économie. Une économie ne sera viable que si elle est fondée sur une utilisation sage des ressources. Il nous faut questionner profondément nos notions de croissance et de profit, de production et de consommation. Redéfinir ce qui est profitable au bonheur des humains et ce qui ne l'est pas. L'indice de progrès véritable et l'indice du bonheur de nos sociétés doivent prévaloir sur l'indice du PIB comme mesures de nos économies.

Après des années de lutte alliant citoyens, médecins et groupes de pression, nous avons fini par agir avec la cigarette, et un important changement de comportement s'est opéré. Un changement comparable doit avoir lieu dans nos modes de vie. Avec la prise de conscience écologiste, nous avons l'occasion de jeter les bases d'une nouvelle culture. Nous devons nous attaquer à l'intoxication de nos vies par la surconsommation, le gaspillage, le jetable, la pollution publicitaire, la perte de la qualité de l'eau, de la nourriture, de la santé, du climat. Nous devons adopter des politiques résolues en matière de transport collectif, d'agriculture biologique, de production équitable, etc.

À l'heure où la lutte au réchauffement climatique s'impose avec urgence, la rigueur écologique doit désormais s'appliquer comme mesure en toutes choses. Les gouvernements actuels ne croient pas qu'il soit possible ou prioritaire de le faire. Ou trop souvent quand ils le prétendent, c'est par pure démagogie.

LES RICHESSES NATURELLES NOUS APPARTIENNENT

Dans un contexte d'endettement et de vieillissement de la population, qui vont entraîner une augmentation des coûts en santé et une rareté de la main-d'œuvre, nous arrivons à l'heure de choix critiques en matière de financement de la santé, de l'éducation et de nos services sociaux. L'une des principales richesses collectives à notre disposition pour répondre à nos besoins est celle de nos ressources naturelles.

La question des inégalités et celle de l'utilisation des ressources naturelles sont intimement liées. L'exemple bolivien devrait nous servir de modèle. Après des générations de dépossession de son territoire aux profit d'intérêts souvent étrangers, le peuple bolivien a inscrit dans sa constitution le droit du peuple à disposer lui-même de ses ressources. Au Québec, avec le Plan Nord, le gaz et le pétrole, on assiste au retour en force d'un modèle colonial dont on croyait pourtant s'être débarrassé. Nous avons le devoir de nous rassembler autour d'un vrai plan dans lequel le contrôle démocratique de nos ressources sera assuré. L'État québécois doit rebâtir son expertise, reprendre le contrôle de ses permis d'exploration et d'exploitation pour assurer la maîtrise-d'œuvre de ses ressources et la juste part qui nous revient.

Pour y arriver, seule une volonté politique claire, appuyée par un large soutien démocratique, peut donner au gouvernement l'autorité nécessaire pour mener une politique d'exploitation intelligente et équitable du bien commun.

TOUS À LA DÉFENSE DU BIEN COMMUN

Le 22 avril dernier, au Jour de la Terre, nous étions 300 000, hommes, femmes et enfants de partout au Québec, à nous rassembler pacifiquement pour affirmer notre attachement à la terre et à la défense du bien commun en ce pays. Je reprends ici les principes que nous y avons portés.

Avec le potentiel et le savoir-faire qui sont les nôtres, nous avons le devoir d'adopter une meilleure stratégie dans l'usage du trésor que sont nos richesses naturelles, dont l'utilisation doit se faire selon quatre principes fondamentaux :

- en accord avec les populations ;
- en harmonie avec la nature ;
- au profit de tout le monde ;
- dans l'intérêt des générations à venir.

Nous devons utiliser nos ressources selon un modèle viable, véritalement durable, menant à une utilisation juste et sage de nos richesses, un modèle qui tienne compte des limites de la croissance comme fondement de notre économie, qui fasse une large part aux énergies propres, au transport écologique, au commerce équitable, à la revitalisation des régions et à une agriculture raisonnée, un modèle économique dans lequel prospérité sera synonyme de qualité de vie.

Nous devons mettre un terme à toute privatisation désordonnée de bien public et à toute subvention aux sociétés pétrolières et gazières (qui chaque année, rappelons-le, déclarent des profits astronomiques). Nous devons remédier au désengagement du protocole de Kyoto, aux dégradations dues à l'exploitation des sables bitumineux, aux modèles actuels de développement minier et forestier, aux risques liés à l'exploitation du gaz de schiste, du pétrole, de l'uranium, de l'amiante et à l'utilisation de l'énergie nucléaire sur notre territoire.

Refusant d'être dépossédés de nos richesses et des sources d'un véritable progrès, nous devons nous doter d'une stratégie nationale d'utilisation de l'ensemble de nos ressources en eau, en gaz, en pétrole, en mines, en forêt, avec le Plan Nord et pour l'ensemble du territoire afin que le développement réponde à nos plus hautes exigences, maintenant et pour les générations à venir.

LE PLAN NORD – QUEL PLAN ? QUI EST LE MAÎTRE-D'ŒUVRE ?

Les Québécois sont en général favorables au Plan Nord et au développement de leurs ressources. Je crois toutefois qu'ils sont en train de s'en faire passer une, et que les enjeux sont à ce point importants qu'il faut s'en préoccuper. D'abord, contrairement à ce que Jean Charest martèle depuis plus d'un an, un Plan Nord digne de ce nom doit être un projet non pour une, mais pour plusieurs générations. Quand on entend le Premier ministre se féliciter de voir à quel point tout se déroule plus rapidement que prévu, il est justifié de se demander : qui est le responsable du

Plan ? Qui est le maître-d'œuvre ? Quelle est la vision véritable au-delà de l'alléchant plan de marketing ?

À l'heure où l'on signe des ententes, où l'on cède les permis et où l'on garantit les investissements de fonds publics, une vision globale s'impose, capable de concilier les intérêts privés avec l'intérêt collectif. L'État ne peut se limiter à un rôle de simple promoteur, à la construction d'infrastructures et à quelques mesures fiscales ou d'investissements timides. Il doit rebâtir son expertise et agir comme le maître-d'œuvre responsable de nos intérêts, dans le respect des citoyens, incluant les communautés autochtones et les habitants des régions touchées. Il ne faut pas attendre des investisseurs chinois qu'ils planifient la manière avec laquelle nous allons disposer de nos ressources, ni à quel rythme, ni avec quels travailleurs, ni avec quels impacts sur notre environnement.

Les mines ont une durée de vie limitée. Il faut agir avec discernement, avec une vision à long terme que seul l'État peut avoir. Le Plan Nord proposé demeure prisonnier d'un vieux modèle colonial dépassé. Une refonte en profondeur de la vieille Loi sur les mines s'impose, loi que les Libéraux ont négligé de faire voter le printemps dernier.

Soulignons enfin l'absence presque totale dans le Plan Nord de transformation du minerai au Québec, l'absence d'un véritable plan et d'une politique claire et cohérente d'investissements de l'État et l'absence de contrôles et de suivi indépendants sur les activités des minières[1].

[1] *Selon Pour que le Québec ait meilleure mine, groupe de pression à la défense des intérêts citoyens.*

LES MINES : AU PROFIT DE QUI ?

Le Plan Nord prévoit générer des investissements de 80 milliards $ d'ici 25 ans, dont plus de la moitié proviendra d'Hydro-Québec. C'est dire que comme collectivité, nous investirons plus de 50 % dans ce projet. En tirerons-nous notre *juste part* des redevances ?

Le Plan Nord ouvrira des chemins aux sociétés minières, réputées pour leur comportement parfois douteux avec la nature et avec l'impôt. Trop souvent les astuces comptables et l'évasion fiscale leur permettent d'éviter de payer leur juste part sur les profits tirés de nos richesses. En 2009, le rapport du Vérificateur général signalait que pendant que des tonnes de minerai sortaient de nos terres, les minières profitaient des mesures fiscales mises à leur disposition pour réduire en miettes leurs profits déclarés. Ainsi, sur les milliards $ de revenus déclarés par l'industrie minière, le gouvernement libéral a obtenu seulement 31 millions $ en redevances ! L'an dernier encore 10 des 19 entreprises actives n'ont rien versé aux propriétaires que nous sommes... Est-ce là la *juste part* dont parlait Jean Charest aux étudiants ?

Le gouvernement libéral clame qu'il a haussé les redevances, mais ces mesures sont tardives et nettement insuffisantes. Lors de son dernier budget, le ministre des Finances Raymond Bachand s'est fait un honneur d'insuffler un certain regain à des sociétés d'État que l'on avait grandement affaiblies, pour ne pas dire anéanties, au cours des dernières années. Il agit en investisseur très, très timide : 500 millions $ en prise de participation via Ressources-Québec demeurent insignifiants par rapport aux dizaines de milliards prévus pour l'ensemble du Plan Nord.

Les redevances sur les profits permettant de trop nombreuses déductions, on déplore l'absence de redevance sur la valeur brute produite comme l'appliquent plusieurs pays dans le monde ainsi que l'absence d'un fonds pour les générations futures. Qu'est-ce qui empêche le Québec d'imposer le minerai à la source, comme le font les Australiens ?

Je me suis présenté à un colloque tenu l'hiver dernier aux HEC sur le Plan Nord pour demander au ministre délégué aux Finances, Alain Paquet s'il ne serait pas souhaitable, nonobstant toute considération environnementale, d'établir un partenariat d'affaires entre les sociétés d'État étrangères et nos propres sociétés d'État telle que la SOQUEM[2] ? Le ministre m'a répondu laconiquement que les Soviétiques avaient essayé ce genre de stratégie et que ça n'avait pas fonctionné !

DEVONS-NOUS INVESTIR OU NATIONALISER ?

Il faut revoir la manière de fonctionner de nos deux puissants leviers d'investissements collectifs : Investissement Québec et la Caisse de dépôt et placement. Faut-il pour autant tout nationaliser ? Ce que nous devons exiger, ce n'est pas la propriété collective, aux mains d'un État planificateur dont le pouvoir insensible et incontrôlé, éloigné, en imposera aux citoyens. Nous devons exiger une vision clairement définie par l'État qui assure la protection de nos intérêts communs, qui stimule et encadre l'entreprise privée, impose des normes et exige des garanties.

[2] *SOQUEM : Société québécoise d'exploration minière*

LES MINES ABANDONNÉES ET LES TERRAINS CONTAMINÉS

Des milliards de dollars seront nécessaires pour la restauration des sites orphelins, mines et puits abandonnés au gouvernement par les sociétés minières. Nous avons déjà plus d'un milliard de dollars à investir pour réhabiliter les terrains contaminés.

LA SAGA DU GAZ DE SCHISTE

Qu'adviendra-t-il avec le gaz de schiste ? Après l'importante mobilisation qui a imposé le respect à l'invasion, le gouvernement a commandé une étude sans que les citoyens inquiétés n'aient été invités à la table des experts chargés *d'établir la pertinence* de cette exploitation dans la zone habitée, au milieu nos terres cultivées, dans le cœur historique et agricole du Québec.

Pour la plupart des citoyens préoccupés par cette question, cette manœuvre du gouvernement vise tout simplement à calmer le jeu et à préparer les moyens de rendre acceptable ce qui demeure encore et toujours inacceptable. Puisque c'est son mandat d'établir la pertinence de ce développement, le rapport de l'EES, qui sortira en mai 2013, recommandera sans doute d'aller de l'avant, *sous certaines conditions respectant les plus hauts standards de l'industrie*.

Il est prévisible que l'opposition à cette industrie sera toujours aussi vive, tant l'acceptabilité sociale n'est pas acquise. Dans l'intérêt de qui prendrait-on le risque de polluer l'eau, l'air et l'existence des gens ? La solution du gaz naturel au Québec ne réside-t-elle pas plutôt en bonne partie dans la production de biogaz qui transforme les déchets organiques en méthane ? L'Allemagne et la Suède ont développé des techniques avancées qui ont pour effet non seulement de produire du gaz naturel, mais de régler un important problème environnemental de gestion des déchets.

LES RÉGIONS ET LES RESSOURCES

Le peuplement des régions et les économies régionales sont en train de s'effondrer. L'agriculture est souvent malmenée. Les terres sont souvent sans défense. Les villages se vident de leur jeunesse. Beaucoup sont en deuil d'un passé qui leur avait procuré une certaine prospérité et un art de vivre. Pour bâtir l'avenir, il faut viser l'épanouissement de ces autonomies, la prise en charge par les communautés du développement démocratique de leurs ressources.

La protection et la défense des terres agricoles, des ressources en eau potable et des nappes phréatiques, l'aménagement du territoire et du paysage, la valorisation du patrimoine architectural et culturel sont des mesures importantes qui doivent être stimulées et soutenues, en faisant des citoyens et de ceux qui les représentent des complices et non des témoins passifs et impuissants du développement de leur région et de leurs ressources.

POUR UNE POLITIQUE D'ENVERGURE SUR L'UTILISATION DE NOS RESSOURCES

Conclusion ? La richesse naturelle est collective, son exploitation doit profiter d'abord à la collectivité. Notre potentiel est immense, notre expertise exceptionnelle. Nous avons tout pour faire du Québec un modèle pour le monde entier. L'exemple ne viendra pas des pays pauvres, l'exemple ne peut venir que de nous. Nous sommes mûrs pour un grand changement.

POUR UN NOUVEL ART DE VIVRE : DE L'IMPORTANCE DE L'ÉDUCATION ET DE LA CULTURE

Nous sommes les contemporains d'une grande inquiétude. À chaque époque ses peurs et ses fins du monde. De nos jours, l'angoisse qui nous habite est celle de voir le développement économique basé sur la croissance et l'accroissement des inégalités nous mener au chaos social et au désastre écologique. Certains croient que seule une catastrophe nous obligera à changer radicalement nos modes de vie. D'autres encore espèrent que l'éveil de nos consciences nous ralliera autour d'idéaux communs vers la bonne espérance. D'autres enfin nourrissent le déni de toute évidence : il n'y aurait ni exploitation abusive ni urgence à combattre le réchauffement climatique. Ceux-là sont au pouvoir présentement. Dans la prise de conscience actuelle, tout nous pousse à redéfinir notre relation à la croissance, au développement.

Comment faire contrepoids à l'obsesssion de la production et de la consommation ? Quelles valeurs mettre sur la table ? Quel art de vivre peut-on opposer au culte du profit et du rendement ? D'abord, je crois qu'il faut lancer l'appel à un vaste mouvement de transition de nos modes de vie. Comme le mouvement du *slow food* a réussi à imposer de nouvelles normes. Car il y a une voie. Je vais ici, si vous le permettez, prêcher pour ma paroisse...

Je crois profondément que la principale réponse aux défis contemporains liés à la nécessaire décroissance économique et à la recherche du bonheur tient dans la fréquentation de la culture. Dans l'espace que nous accorderons à l'intérieur de nos vies à l'éducation et à la vie de l'esprit. Pour renverser l'idée voulant que la quantité de biens produits soit plus importante que la qualité de la vie. Jacques Attali disait que « le XXIe siècle serait spirituel ou qu'il ne serait pas. » Nous y voilà.

LA CULTURE COMME ENRICHISSEMENT

Pour améliorer la qualité de vie des gens, surmonter les divisions sociales et créer le tissu social le plus harmonieux qui soit, seule la richesse fondée sur la *vie de l'esprit* saura compenser pour les *pertes* matérielles engendrées par moins de production et de consommation.

Alors que de plus en plus de voix s'élèvent contre le soutien à accorder à la danse contemporaine ou aux tournées de spectacles, je crois qu'il est essentiel de mettre les œuvres d'art à la portée du public le plus large qui soit. La littérature, la musique, le théâtre, la danse, la peinture et les arts visuels et, le cinéma sont des sources d'enrichissement incalculables. La richesse véritable est aussi celle des émotions que nous procurent les émerveillements esthétiques liés à l'architecture, à l'aménagement des villes et des villages, aux paysages. Artistes et penseurs sont une source importante de bonheur commun et leur création nous aide à nourir notre capacité à nous émouvoir des tragédies de la condition humaine. Mettre l'art, la culture et la fréquentation constante de la nature au cœur de la vie des citoyens, c'est enrichir la vie. Mettre la pensée au cœur de notre quotidien, c'est ennoblir nos existences. À ce titre, la réduction intellectuelle liée au démantèlement de Radio-Canada fait pour moi figure de véritable génocide culturel.

L'EXEMPLE DU COSTA RICA

Dans une récente étude, le Québec se portait toujours en tête des endroits au monde où nous avons la meilleure qualité de vie. Pour y avoir vécu des nombreux moments de pur bonheur, j'ai été ravi de constater aussi que le premier des pays où il fait bon vivre au monde, en dépit de sa relative pauvreté, est le Costa Rica. Et pour cause. Pendant plusieurs décennies, les Costaricains ont choisi d'investir dans les écoles, le système de santé et la protection des terres (25 % du territoire est constitué de parcs ou de réserves naturelles) plutôt que dans les dépenses militaires, le développement industriel ou la construction du réseau routier. Le Costa Rica est le pays d'Amérique centrale où les inégalités sont les moins grandes et la classe moyenne la mieux nantie. Ils récoltent aujourd'hui, mieux que les pays avoisinants, dont les ressources ont été largement pillées par des intérêts étrangers, le fruit d'une utilisation sage de la richesse collective.

À l'instar des Costaricains, nous avons le devoir de nous rassembler autour de l'objectif commun du plus grand bonheur pour tous. *Pura vida* !

DE L'IMPORTANCE DE L'ÉDUCATION

Cette recherche du bonheur doit demeurer l'idéal de notre société. L'éducation est la voie royale pour y atteindre. La jeunesse nous a parlé depuis des mois. Ce serait une erreur de rester sourd à ses revendications. Ce que la jeunesse nous dit : l'éducation doit être gratuite, accessible à tous. Elle refuse l'idée de l'endettement personnel comme prérequis à la vie adulte. Ce que la jeunesse nous dit : l'université doit servir à former des hommes et des femmes libres de penser et d'agir, à former des citoyens avant de former des travailleurs au service de l'entreprise. Limiter l'accès à l'éducation supérieure pour combler les besoins primaires d'une industrie vorace qui dicte ses directives à nos gouvernements, c'est faire le choix de la productivité au détriment de la qualité de la vie. C'est en misant sur la formation de cerveaux bien nourris, d'esprits libres, curieux et créatifs, inspirés et habités par la connaissance, que nous saurons créer une cité libre habitée par un réel esprit démocratique et un nouvel art de vivre ensemble. Les universités sont d'abord et avant tout des lieux de transmission du savoir, d'approfondissement de la connaissance et non strictement des centres de recherche et de formation de la main-d'œuvre.

Nourrir la biodiversité humaine et la richesse de notre culture, c'est considérer la valeur d'un philosophe ou d'une artiste comparable à celle d'un ingénieur ou d'une médecin. Dans le contexte américain où nous nous trouvons, il faut, non pas restreindre, mais miser davantage sur l'éducation des Québécois. Et non seulement protéger nos acquis quant à l'accessibilité et à la pluralité des disciplines offertes, mais aussi faire entrer dans l'instruction publique l'apprentissage de la démocratie et de la responsabilité citoyenne, de champs liés à la prévention de la santé, à la consommation raisonnée, éthique et équitable, à l'hygiène, à la saine alimentation.

Je crois avec d'autres qu'après le printemps étudiant, nous sommes mûrs pour la tenue d'États généraux sur l'université pour répondre à quelques questions fondamentales. Jusqu'où voudra-t-on pousser l'exigence d'une université rentable, perméable aux influences de l'économie ? Quelle part collectivement sommes-nous prêts à céder aux volontés, aux exigences et aux fins de l'entreprise ? Jusqu'où voulons-nous protéger l'indépendance de nos universités, comme lieux de transmission du savoir et de recherche la plus libre qui soit ? La philosophie doit-elle être mise au ban parce qu'elle ne participe pas à la croissance du PIB ?

Aussi, je ne peux m'empêcher de soumettre l'idée que tout parcours académique devrait être complété par un temps d'engagement bénévole obligatoire, dans des champs d'activités liés à la vie communautaire, au Québec et à l'étranger. Que les jeunes voyagent et s'engagent pendant un an ! Cet engagement social encouragerait, par le partage de valeurs humanistes, le développement d'un sentiment d'appartenance à la société québécoise et de solidarité entre les peuples, dans des activités comme un travail sur des fermes d'agriculture biologique, ici et dans des pays en voie de développement, ou encore des programmes d'aide aux aînés, aux démunis, aux handicapés, etc.

NOUS SOMMES CITOYENS DU MONDE

Après mon Cégep, comme beaucoup de jeunes à cette époque, je suis parti avec mon sac à dos voyager pendant près de deux ans autour de la Méditerranée, de Paris à Istanbul, de l'Italie à la Grèce, à l'Espagne et au Maroc. J'y ai fréquenté beaucoup de théâtres, travaillé dans un cirque italien en tournée à Athènes, dormi souvent à la belle étoile, promené mon numéro de rue dans les points chauds touristiques du sud ouest de la Turquie à la Crète en passant par Rhodes et les Cyclades. J'y ai rencontré des gens de toutes sortes, et de toutes conditions, et aussi beaucoup de solitude, de lectures et d'écritures. Ce moment demeure l'un des trésors de mon existence.

Quand je suis débarqué à Montréal pour faire mes études à l'École nationale de théâtre, je me suis installé aux limites du quartier Mile-End, attiré par le parfum cosmopolite de la cohabitation des Grecs, Juifs, Portugais, Italiens et autres citoyens de différentes origines avec les Québécois d'origine canadienne-française. C'est sur l'avenue du Parc, puis sur de l'Esplanade, que j'ai fondé ma famille et vu grandir mes trois garçons.

Je compte aujourd'hui parmi mes amis et connaissances bon nombre de d'hommes et de femmes de différentes origines et au fil des ans, je suis demeuré très sensible aux différentes réalités qui trament cette nouvelle identité qui nous constitue. Depuis 30 ans, j'ai voyagé sur les 5 continents, travaillé à Las Vegas et, pour avoir vécu plus de trois ans à l'étranger, je suis devenu un fervent partisan de la biodiversité culturelle, ce qui ne m'empêche pas d'être fier et très attaché à mes origines et à mon identité sorelloise, montréalaise et québécoise.

NOUS SOMMES LE TRÉSOR DE LA DIVERSITÉ CULTURELLE

La diversité culturelle de Montréal est une richesse inestimable. Le métissage avec la culture autochtone a été pour nos ancêtres, les Français de souche, le mode privilégié d'adaptation au territoire. Les premiers Canadiens français auront survécu sur ce territoire grâce à la rencontre et à l'adoption d'une partie du mode de vie et des coutumes des Premières Nations.

Nous sommes nés de ce métissage. Nous avons appris à vivre avec l'Indien et l'Anglais, et aussi avec le Français, l'Irlandais, l'Italien, le Grec, le Juif, le Portugais, l'Haïtien, le Maghrébin, le Vietnamien. Montréal est aujourd'hui non seulement la deuxième ville française du monde, mais l'une des capitales culturelles où la diversité des cultures est une réussite qui fait notre fierté.

Nous rêvons tous d'être citoyens du monde. Pour l'être, il faut d'abord se reconnaître comme citoyen du territoire que l'on habite, de la société avec laquelle on vit. C'est sans doute l'un des plus grands défis que nous avons collectivement à relever. La rencontre entre différentes cultures est l'un des plus riches trésors que la civilisation peut nous apporter. Avec le Cirque du Soleil, j'ai eu le bonheur de diriger des équipes d'artistes composées de plusieurs nationalités et cela a été pour moi le plus grand des bonheurs de voir que nous pouvions arriver à nous mettre tous ensemble au service de l'œuvre, non pas pour compétitionner ou défendre les couleurs de notre pays, mais pour que de cette rencontre des différences fasse jaillir la beauté. C'est à mon sens la plus grande réussite du Cirque et la marque évidente de notre ouverture au monde et de l'esprit d'aventure qui nous habite.

Nous partageons tous la fierté de la grande célébration de la rencontre des nations qu'a été l'Expo 67 qui demeure un moment fondateur de notre identité moderne. Depuis 50 ans, nous avons réuni les conditions culturelles, politiques et économiques pour faire de notre société un exemple de bonne entente et de respect mutuels entre différentes cultures. En une génération, reprenant possession de notre territoire, nous sommes passés au statut de majorité, de locataires nous sommes devenus propriétaires, nous avons conquis les postes de commandes autrefois réservés au citoyens anglophones, nous avons gravi les échelons, augmenté nos revenus, nous sommes devenus maîtres chez nous.

L'évolution du fédéralisme canadien, conjugué à la montée du néolibéralisme et du conservatisme, et à la faible croissance démographique des Québécois d'origine canadienne-française, vient maintenant fragiliser le consensus établi depuis une génération, notamment avec le concours de la Loi 101. Toujours actuellement en pleine possession de ses moyens, le peuple d'irréductibles au nord du continent américain ne survivra que s'il persiste à cultiver l'élément-clé de cette potion magique qui lui a donné une si forte vitalité jusqu'à aujourd'hui : la culture d'expression française.

NOUS SOMMES LE FRANÇAIS

Après l'extraordinaire élan d'émancipation que nous avons connu, je constate le danger de voir la culture de mes propres origines remise en minorité. Mes trois fils ont fréquenté le Collège Jean-de-Brébeuf qui a été jusqu'à il n'y a pas très longtemps le berceau d'une certaine intelligentsia canadienne-française. Aujourd'hui, le nom de famille majoritaire au collège où étudie toujours mon fils cadet est Nguyen. Voilà qui est révélateur du changement auquel nous assistons. C'est l'usage du français comme outil privilégié qui permet l'émergence harmonieuse de cette nouvelle réalité dont nous nous enrichirons si nous parvenons à maintenir un minimum de cohésion sociale.

Le français est le principe générateur de notre vie commune. Il en est aussi le régénérateur, le lien qui donnera sa cohésion à notre communauté, à notre identité présente et à venir. Il est primordial de maintenir la cohésion autour de cette langue commune. Il en va de la pérennité de l'un des héritages dont nous pouvons être les plus fiers dans le monde : le climat de paix social qui règne en ce pays. L'usage du français est la clé de cette qualité d'échanges dont nous pouvons nous enorgueillir, à Montréal notamment. Chaque citoyen des différentes communautés linguistiques a le devoir de nourrir cet effort. On dit que c'est au sein des petites sociétés où se trouve la plus grande cohésion sociale que les peuples vivent les plus heureux. Seul le français peut assurer cette cohésion.

Les effets de la Loi 101 nous ont donné l'impression d'une stabilité à jamais acquise en matière de protection de la langue. Nous savons qu'il n'en est rien. On commence à le sentir à Montréal – et la nouvelle génération n'a pas fini de le mesurer –, le français sera soumis à des pressions de plus en plus fortes et persistantes, comme langue de travail, mais aussi comme langue d'usage. En cette matière, le laxisme et le laisser-faire du gouvernement libéral, par son évident manque de volonté politique à affirmer l'importance de l'usage du français comme langue d'enseignement et langue de travail, marque un recul porteur de tensions sociales dont nous n'avons pas besoin.

Dans un contexte de mondialisation des communications, où l'anglais demeure la voie royale d'expression de la modernité, c'est sans doute la perspective la plus inquiétante que d'imaginer un recul du fait français, voire une assimilation accélérée de la prochaine génération de Montréalais, dont une bonne part sera constituée d'immigrants, insensibles à la question. Là où le signe clair d'un pays francophone aurait pu être affirmé dans un pays souverain, l'ambiguïté dans laquelle nous nous trouvons laisse place aux incertitudes et aux inquiétudes les plus légitimes.

Quel démographe peut prédire combien de temps encore pourra durer l'actuelle paix linguistique avant que de malheureux réflexes minoritaires refassent surface ? Dans ce contexte, la question du Québec comme société distincte continuera de se poser avec une acuité sans doute plus dramatique encore. Voilà pourquoi il est essentiel de prendre conscience de l'importance et de l'urgence de nous réunir, tous, autour de cette langue.

NOUS SOMMES UNE IDENTITÉ QUI CHANGE LES ANGLOPHONES ET LES ALLOPHONES CHERCHENT AUSSI UNE VOIE COMMUNE

Depuis les débuts de notre histoire, le désir de liberté, l'esprit d'échanges et de métissage, l'hostilité de l'hiver, la présence autochtone, la compétition avec l'Anglais, la domination économique, voire le manque de confiance et le repli sur soi, auront donné à notre expérience à la fois une indépendance d'esprit et capacité d'adaptation phénoménales. La nécessité de la conciliation a forgé notre caractère collectif.

De nature accommodante, ne cherchant par les conflits, mais plutôt une certaine tranquillité d'esprit, nous avons nourri de plusieurs compromis historiques le caractère distinct de notre société. Nous sommes la preuve vivante que quelque chose d'autre était possible à un peuple conquis au cœur du rêve américain ! L'esprit d'invention et d'alliances nouvelles a été essentiel à notre survie.

On le reconnait, l'identité du Québec a été constituée par l'indéniable contribution de la communauté anglophone. Après les combats nationaux enflammés des dernières générations qui ont permis l'établissement d'une meilleure justice sociale entre francophones et anglophones, la question de la souveraineté me semble maintenant occulter une réalité extrêmement importante pour l'avenir du Québec et plus particulièrement de Montréal : beaucoup de citoyens des deux langues partagent un même souci politique social-démocrate sans trouver chez les partis progressistes – qui sont tous souverainistes –, une voie qui conviennent à leurs convictions.

Comment bâtir des ponts entre nos communnautés ? Je veux croire que nous pouvons en toute sérénité bâtir davantage sur ce qui rallie les citoyens francophones, anglophones et allophones que sur ce qui semble nous diviser. Dans le milieu artistique où j'évolue, nous le faisons quotidiennement, au plus grand bonheur de tous. Nous avons tous besoin d'un but qui soit une source d'inspiration commune. Le partage de la richesse et le contrôle démocratique de nos institutions communes sont des points de rencontre autour desquels il nous faut construire un nouveau contrat social entre les citoyens de ce territoire qui auront décidé de vivre ensemble.

NOUS SOMMES LAÏCS

La montée du fanatisme religieux est une source de souffrance et d'inégalité partout où elle se fait sentir dans le monde. Qu'il soit catholique, juif, musulman ou autre, je suis contre toute forme d'intégrisme. Il nous faut combattre la peur et l'ignorance qui nourrissent la xénophobie. Au Canada, comme aux

États-Unis, la droite religieuse connaît une influence grandissante. Le Québec n'est pas à l'abri d'une telle pression sur ses politiques et ses mœurs, d'où l'importance de réaffirmer les valeurs que nous accordons à la laïcité, comme au respect des orientations religieuses de chacun.

Les Canadiens français ont vécu pendant assez longtemps sous l'influence de l'Église et de la religion catholique pour faire preuve de compréhension à l'égard des croyants attachés aux symboles de leur religion. Nous avons certes souffert de cette domination de nos corps et de nos esprits par l'Église – et lutté pour nous libérer de cette emprise –, mais nous sommes en mesure de comprendre à quel point la religion peut être une part importante de l'identité culturelle. L'éducation, la lutte à l'ignorance et la tolérance demeurent nos meilleurs guides.

NOUS SOMMES AVEC LES PREMIÈRES NATIONS

La nation québécoise est née d'une alliance avec les Premières Nations de ce pays. Cette alliance doit être reconnue, valorisée, nourrie. Je fais mien le grand rêve de Samuel de Champlain d'une cohabitation pacifique et harmonieuse de ce territoire avec les autochtones et l'émergence d'un nouveau monde fondé sur l'égalité des chances, un juste partage des ressources communes et une vie culturelle de la plus haute qualité.

Cela devra être nourri par une reconnaissance des droits ancestraux et territoriaux et sur une meilleure reconnaissance mutuelle de notre histoire partagée et de notre commune destinée. Nos ignorances mutuelles sont la source de nombreux malentendus. Les réalités et les défis auxquels les nations autochtones, souvent divisées entre elles, ont à faire face, m'apparaissent comme le microcosme de ce que nous vivons dans l'entreprise de dépossession de nos richesses et de notre territoire. Il me semble urgent de négocier de bonne foi une constitution où les règles de partage et d'occupation du territoire seront enfin établies. Nous sommes unis par le même droit à vouloir disposer de nous-mêmes et des ressources du territoire que nous habitons.

DE LA SOUVERAINETÉ

Parlons d'un sujet qui nous divise: la souveraineté. Mais abordons-le sous un angle qui peut nous rallier: la démocratie! Par définition, la démocratie, c'est la souveraineté du peuple. La souveraineté, c'est l'autorité des citoyens sur un territoire donné. Jusqu'ici, tout le monde est d'accord. Définir la souveraineté c'est donc définir le contrat social que démocratiquement des individus, habitant un même territoire, décident se donner pour vivre ensemble, pour que chacun puisse vivre heureux. C'est ce qu'on appelle la Constitution.

Depuis 30 ans, le Québec vit sous une Constitution qu'aucun de ses gouvernements, qu'il fut fédéraliste ou souverainiste, n'a reconnu ou signé. Il n'y a donc pas de contrat social qui unisse les citoyens du Québec.

Aucune société, aucune nation ne peut vivre sans partager un même sentiment d'appartenance et celui d'un idéal, d'un rêve commun. Nous éprouvons tous le besoin d'une transcendance, d'un dépassement de soi. Nous avons besoin d'un nouveau contrat social qui mette à jour les aspirations des citoyens qui ont à cœur de vivre et de s'épanouir sur ce territoire autour de valeurs communes.

Je n'ai aucun doute sur le fait que nous ayons le potentiel et la capacité de nous gouverner et que nous saurions mieux œuvrer pour le bonheur de tous avec une nouvelle Constitution pour le Québec. N'en déplaise aux grandes puissances, les pays où les peuples vivent le plus heureux sont les petites nations ! Je crois profondément que, comme tous les peuples *normaux*, le peuple du Québec devrait disposer de tous les pouvoirs qui lui permettent de veiller à la gouverne de ses intérêts économiques et politiques, en percevant lui-même ses impôts et en signant ses traités internationaux.

L'ÉCHEC DE LA SOUVERAINETÉ

Or voilà. Force est d'admettre que le projet porté par le Parti Québécois est un échec, dans la mesure où il n'a toujours pas réussi à rallier une majorité. Après avoir occupé beaucoup d'espace politique, le débat sur l'avenir du Québec a fini par en lasser plusieurs, tant l'aventure, parsemée d'embûches et de cul-de-sac, est douloureuse et le résultat de chaque référendum perdu une occasion de dépression collective.

Après être passé relativement près du but lors du référendum de 1995, avec des résultats qui permettaient pourtant de nourrir tous les espoirs, le mouvement s'est peu à peu retrouvé désorienté par un leadership indécis ou divisé, accablé par des stratégies fédéralistes souvent douteuses, à coups de loi sur la clarté et d'opérations de propagande commandités. Les obsessions néolibérales nourries par l'atteinte du déficit zéro et autres conditions gagnantes auront par la suite largement contribué à la mise au rancart du valeureux combat.

Après quelques années d'errance, de défections et de déchirements, avec la défaite du Bloc Québécois au printemps 2011, les forces souverainistes se sont trouvées au bord de l'effondrement. Avec un leadership timoré au PQ, la dispersion de forces souverainistes semble maintenant avoir pour effet de paralyser l'émergence d'un projet mobilisateur pour le Québec.

Notre singularité de peuple d'expression française dans l'océan anglophone nord-américain, liée à la chute marquée de la natalité et à la progression de l'immigration, imposent un réflexe de protection de l'identité québécoise dont ne peut constester la légitimité.

Or, s'il se limite à une lutte constitutionnelle, à un débat sur la langue et le partage des pouvoirs, le combat pour la souveraineté ne mobilisera pas à court terme, nous le savons. Il importe donc de libérer la quête d'indépendance de l'entonnoir ethnique où il se trouve confiné, qui souvent étouffe plus qu'il n'inspire, qui divise plutôt que de rassembler, qui enrage, déprime ou désespère plus qu'il ne fait rêver.

Parenthèse. Le soir du référendum de 1995, lorsque Jacques Parizeau, amer devant la défaite après une bataille menée avec grandeur et noblesse, s'en prenait au vote ethnique, je me souviens avoir eu cette réflexion que nous pourrions en appeler au ralliement des Québécois d'origines multi-ethniques le jour où une forte et franche majorité de Québécois d'origine canadienne-française saurait trouver cette cohésion. Fin de la parenthèse.

Les choses ont sensiblement changé depuis 1995. Des éléments nouveaux, ralliant de plus en plus de citoyens du Québec de toutes origines, sont venus changer la donne...

C'est un fait établi, après le rapatriement unilatéral de 1982, après les échecs des tentatives de renouvellement de la Constitution de Meech et de Charlottetown, depuis plusieurs années, les Québécois ne participent pratiquement plus à l'exercice du pouvoir à Ottawa. Chaque jour, l'important changement que le Canada est en train de faire subir à ses institutions démocratiques nous éloigne un peu plus de notre attachement à ce pays, de notre identité canadienne.

Chaque jour, le Canada devient de plus en plus un pays autocrate et antidémocratique, anti-écologiste, une pétro-monarchie qui coupe dans la recherche scientifique, les arts et le filet social pour augmenter ses dépenses militaires, subventionner les pétrolières milliardaires, défendre les intérêts des évangélistes contre l'esprit laïc et les corporations contre les partisans de la coopération. Nous sommes une société distincte, nous nous comportons comme si nous étions déjà souverains, nous le sommes culturellement, économiquement, mais non politiquement. Pendant ce temps, chaque année, 50 milliards $ de nos impôts sont envoyés à ce gouvernement.

Le cœur n'y est plus. Mais l'union perdure, tout en se désagrégeant, sans sortie prévue à l'horizon. Voilà où nous en sommes : quelque part entre un passé mort qui n'arrive pas à mourir et un avenir naissant qui n'arrive pas à naître. Mais nous ne sommes pas seuls au monde...

LA PERTE DE SOUVERAINETÉ DES PEUPLES

Comme en témoigne à divers degrés l'expérience de la Grèce, de l'Espagne ou de l'Islande, la souveraineté des peuples est aujourd'hui menacée. Aux prises avec des entités puissantes et des intérêts multinationaux, des nations entières font face à la dépossession de leur territoire et du droit à disposer eux-mêmes de leur richesses naturelles et de leurs institutions démocratiques.

En s'appropriant la richesse et en se subsituant dans la gestion de nombreuses responsabilités ordinairement dévolues à l'État, les entreprises privées, dirigées par des actionnaires anonymes qui n'ont aucun compte à rendre aux peuples, en imposent de plus en plus aux États, jusqu'à les soumettre à des politiques imposées par-delà leur frontière propre.

Cette perte de souveraineté est une véritable atteinte à la démocratie. La solution pour les peuples passe par la reprise en main de leurs institutions politiques, par le contrôle démocratique de leurs ressources, par l'exercice du droit à en disposer eux-mêmes. Cette reprise de contrôle démocratique ne sera possible que dans une affirmation politique, commune à tous les peuples, au service des peuples, et non des dictats économiques. Au Québec, les peuples les plus aguerris dans la défense de ces droits sont les Premières Nations, notamment les Cris, qui ont vu dans le Plan Nord une occassion d'affirmer leur autorité sur le territoire qu'ils habitent. Les Québécois devraient s'inspirer de cet exemple. Désintéressés, ils n'en font rien. Tout va au développement économique.

EXERCER SA SOUVERAINETÉ LE DROIT DU PEUPLE À DISPOSER LUI-MÊME DE SES RESSOURCES

Exercer sa souveraineté, c'est défendre le bien-être collectif commun à tous les citoyens. Comme tous les peuples du monde, nous ne pourrons nous affranchir collectivement de la perte de notre souveraineté par l'emprise du libre marché que si nous revendiquons notre droit à disposer nous-mêmes de nos ressources naturelles ET de nos institutions démocratiques. Il existe présentement un élément tangible et rassembleur auxquels objectivement tous les citoyens du Québec peuvent s'identifier:

le droit du peuple à disposer lui-même de ses ressources naturelles.

Ce qui veut naître, et qui est commun à une grande majorité de citoyens du Québec, c'est un rassemblement autour de l'atteinte du bonheur commun menacé par la crise économique et écologique que nous connaissons.

Tous les Québécois sont propriétaires des richesses naturelles fabuleuses dont le Québec regorge. Tous les Québécois ont aujourd'hui plus que jamais des raisons communes de s'unir d'une même voix pour une utilisation écologique, une exploitation équitable et un contrôle démocratique de leurs ressources naturelles.

Les politiques actuelles du gouvernement Charest en matière d'exploitation de nos ressources font chaque jour la preuve d'une véritable perte de souveraineté pour l'ensemble des citoyens du Québec. Dans ce contexte, l'autorité souveraine doit s'exercer au nom du droit des peuples à disposer eux-mêmes de leurs ressources. Sur la base de cet exercice démocratique, créateur de richesse et porteur d'avenir, nous saurons rallier plus que diviser. Bon nombre d'anglophones et d'allophones devraient y trouver, comme une majorité de francophones, matière à se mobiliser, puisqu'il en va de l'intérêt de tous.

Dans un champs de compétence où le Québec est déjà souverain, cet élément mobilisateur peut être exercé sans débat sur l'unité canadienne. Cette souveraineté doit être exercée dès maintenant. C'est le premier geste de souveraineté politique, économique et écologique, que l'on se doit de poser.

À l'instar des Norvégiens ou des Boliviens, à l'instar de ce que les Libéraux de René Lévesque et de Jean Lesage ont accompli avec la nationalisation de l'électricitié, à l'instar des Cris qui sont sur la première ligne pour la défense de leurs droits ancestraux et territoriaux, il est stratégique, pour le bénéfice de la communauté, de rallier tous les Québécois autour de l'exercice de cette autorité qui saura mieux servir l'intérêt public.

La mise en œuvre du Plan Nord, l'exploitation pétrolière dans l'est du Québec, le développement gazier ou éolien dans la vallée du Saint-Laurent sont parmi les plus importants révélateurs de l'entreprise de dépossession de la richesse collective opérée par les Libéraux. Le strict prétexte de création de richesse ou d'emplois ne suffit pas à justifier la mainmise par les intérêts d'une minorité, souvent étrangère, non seulement de nos richesses, mais aussi de la qualité de notre environnement pour les générations à venir.

Quand le gouvernement cède à des intérêts privés les permis d'exploitation en pétrole et en gaz détenus jusque-là par des sociétés publiques, il ne sert pas les intérêts de la collectivité, mais ceux de son idéologie politique. Des experts ont souligné récemment que la situation budgétaire du Québec se comparaît à celle de la Grèce, à la différence significative près que nous sommes collectivement les propriétaires d'Hydro-Québec. Des intérêts privés sont à l'œuvre au Québec pour *casser le monopole* d'Hydro-Québec et s'accaparer des parts du précieux marché de l'énergie. Considérant la rapidité avec laquelle les ententes se concrétisent entre le gouvernement et les entreprises privées, souvent étrangères, et pour éviter la faillite nationale que connaissent des pays comme la Grèce présentement, il est urgent de reprendre en main notre destin et d'entreprendre une vaste campagne de reprise de possession de nos richesses collectives et de mener toute les politiques nécessaires au bénéfice de la collectivité habitant sur ce territoire.

LA DÉMOCRATIE : SOUVERAINETÉ DU PEUPLE LE DROIT DU PEUPLE À DISPOSER DE LUI-MÊME

Dans le contexte mondial de cette perte de souveraineté des États au profit des forces du libre marché, je suis persuadé qu'une importante majorité d'hommes et de femmes est prête à se rallier autour d'un exercice réel, plus efficace, de la démocratie, de ce qu'Abraham Lincoln appelait le pouvoir du peuple, par le peuple et pour le peuple.

Je crois qu'un pays de petite population a de meilleure chance d'assurer le contrôle démocratique de ses intérêts, une plus grande cohésion sociale, une plus grande équité.

La souveraineté du peuple, par l'exercice et le contrôle démocratique de son droit à disposer de lui-même, est un moyen d'assurer la défense des intérêts du peuple contre la dictature du profit, de la finance mondiale et du transfert des ressources colw wlectives vers des intérêts privés.

NOUS AVONS BESOIN D'UNE CONSTITUTION

Loin des slogans et des programmes politiques qui sont souvent des outils de marketing électoral plus que de véritables projets de société, la rédaction d'une Constitution, garantissant à tous les citoyens le droit à la recherche du bonheur au sein une démocratie économique et écologique en terre française d'Amérique, me semble la pierre angulaire de l'expresssion de notre souveraineté.

Dans quel type de société voulons-nous vivre ? Quelles sont nos valeurs communes ? Comment opérer le changement qui s'impose à un réel exercice de notre démocratie ? Nous n'avons pas tenté d'offrir une réponse typiquement québécoise à ces question depuis la Constitution de 1982, à laquelle nous refusons toujours d'adhérer.

C'est en affirmant ce que nous sommes et ce que nous voulons être, par un nouveau contrat social garantissant les droits et libertés convenant mieux aux citoyens du Québec que l'identité canadienne actuelle, à laquelle nous n'adhérons qu'à moitié, et de moins en moins, que nous saurons faire de notre souveraineté le lieu d'épanouissement de tous les Québécois.

La rédaction d'une Constitution, par une Assemblée constituante composée de citoyens venant de tous les horizons du Québec, aura pour but de refléter l'entente commune aux citoyens.

Une Constitution où nous pourrions dire, d'une seule voix, les grands principes d'un nouveau contrat social basé sur les valeurs de liberté individuelle, d'égalité, de fraternité et de respect de l'environnement ; le principe de protection, d'usage et de promotion de la langue française comme lien primordial et privilégié entre les citoyens ; la protection des droits de la minorité anglophone et des nations autochtones ; le principe de laïcité ; l'intégrité territoriale ; la propriété nationale collective des ressources naturelles ; la primauté du rôle de l'État comme maître d'œuvre et planificateur dans le développement de nos ressources ; le principe du développement viable, véritablement durable ; le principe du droit du peuple à disposer de lui-même et de ses ressources naturelles dans la perspective d'un partage de la richesse ; le principe d'ouverture au monde, d'appartenance à la communauté internationale et de réciprocité dans les échanges avec les autres peuples ; etc...

« Nous, le peuple du Québec, citoyens et citoyennes habitant ce territoire, nous affirmons la souveraineté du peuple ; le droit de chaque citoyen à la recherche du bonheur ; l'égalité entre les hommes et les femmes ; notre attachement à la démocratie, à l'exercice du pouvoir du peuple pour le peuple et par le peuple... »

NOUS AVONS BESOIN DE RÊVER

La quête de notre bonheur individuel ne suffira pas. Nous avons besoin de rêver collectivement à un monde meilleur. Et de croire en notre capacité à le faire arriver. Ici au Québec et dans le monde entier. Je crois au Nouveau Monde. Je suis attaché à l'esprit d'aventure qui a fondé ce pays. Je crois que nous sommes tous très riches de ce mythe fondateur qui est devenu, au fil des générations successives débarquées sur cette terre française d'Amérique, un mythe commun à tous : celui de la fondation d'une terre où nous pourrons vivre mieux.

Je crois au grand rêve de Samuel de Champlain. Le rêve d'une fraternité unissant les peuples où chacun pourrait librement prospérer et profiter de la contribution de l'autre, de l'ancestral et du nouveau, de la nature, de l'espace, des ressources. Non seulement ce mythe est-il fondateur de ce que nous sommes devenus, il est porteur de notre avenir. C'est ce rêve qui doit présider à la renaissance de notre monde, à relancer notre marche vers notre bonheur commun. Tout citoyen qui aujourd'hui habite le territoire du Québec devrait se sentir interpelé par cette aventure. Et s'y commettre.

Le potentiel humain, le système d'éducation, les valeurs qui unissent une grande majorité des citoyens, les ressources naturelles et énergétiques, tout est déjà là. Ce dont le Québec a besoin, c'est d'affirmer cet idéal commun qui soit porteur de l'avenir dont nous rêvons.

Nous ne sommes plus à l'heure de la survivance, de l'hostilité contre les Anglais, à l'heure des réflexes minoritaires, du repli sur soi et de la peur de l'autre, de la soumission économique, de la sauvegarde de la foi, nous ne sommes plus ce peuple ignorant, sans culture ni littérature. Notre identité est toujours fragile et menacée, mais un pays réel existe aujourd'hui. Si nous sommes de moins en moins Canadien, nous sommes conviés à refonder clairement le Québec que nous sommes devenus et celui que nous voulons, pour nous et pour ceux qui arrivent.

MES DEUX GRANDS-PÈRES ET MES TROIS GARÇONS

Je suis né à Sorel, près du Lac Saint-Pierre où on vient ce printemps d'interdire la pêche à la perchaude que j'ai taquinée toute mon enfance. Je suis le contemporain d'un monde qui a abusé de ses ressources. Je suis né en 1963, l'année du I have a dream de Martin Luther King et de l'assassinat de John F. Kennedy. Je suis aussi le contemporain du rêve et de la mort du rêve. À peu près tous mes spectacles ont parlé de cette ombre et de cette lumière.

Je demeure très attaché à mes origines, à ce monde ouvrier où j'ai passé mon enfance, entouré d'usines, au confluent du fleuve et du Richelieu. Je suis le petit-fils d'un soudeur qui toute sa vie a travaillé à la transformation du minerai de fer en plaques d'acier, pour en faire entre autres des navires et même des bombes, au temps de la guerre. C'était un homme vaillant qui a trimé dur et que sa vie en usine a rendu sourd et un peu alcoolique, mais qui jamais n'a perdu sa bonhommie et sa foi en Dieu.

Je suis aussi le petit-fils d'un juge, le père de ma mère, lui-même fils d'un humble cultivateur de la vallée du Richelieu qui grâce à l'appui des curés de l'époque a mené des études classiques, puis en droit à l'Université Laval. Après une carrière d'avocat à Sorel et deux défaites comme candidat unioniste dans le comté rouge de Richelieu, où les libéraux soutenus entre autre par les frères Simard, patrons de mon autre grand-père, donnaient du fils à retordre à Maurice Duplessis, il sera nommé juge par ce dernier. Homme fier et droit, à l'esprit sévère et conservateur, homme de foi et de vertu, abonné au Devoir, il a vécu une partie de sa vie dans une résidence cossue d'Outremont. Mon grand-père soudeur, qui n'a jamais lu un livre, a été locataire toute sa vie.

Je vous fais la confession de mes origines lointaines pour tenter de témoigner un peu de mon identité et vous dire aussi que je viens de quelque part entre le monde ouvrier et celui de la bourgeoisie. À la création de certains spectacles, dans les moments d'angoisse ou de doute, j'ai souvent rappelé à mon souvenir la mémoire de mes deux grands-pères, habité par l'idéal de m'adresser à ces deux hommes-là, de poursuivre le dialogue. Tentant de me tenir en équilibre entre ces deux traditions d'où je viens, je me sens énormément redevable à ceux qui m'ont ouvert le chemin. Comme si la ligne que je pouvais tracer maintenant, de mes deux grand-pères, à mon père, puis à mes fils, m'aidait à garder un certain cap, ou peut-être, à me faire sentir où je suis, quelque part au milieu.

Il y a quelques années, après avoir signé 3 spectacles et consacré 5 ans de ma vie au Cirque du Soleil, alors qu'on me faisait des ponts d'or pour la création de nouveaux spectacles, ici et à l'étranger, quelque chose me disait en-dedans, que j'avais mieux à faire. J'ai passé un été à méditer là-dessus, en plantant des arbres sur une terre en friche, près du fleuve où je passe mes étés depuis 25 ans. Loin des sirènes de Las Vegas, je me demandais ce que je devais faire pour rendre un peu à la société qui m'avait tant donné. Puis l'automne venu, pendant une opération aux mâchoires sous anasthésie générale, j'ai fait une dépression respiratoire inattendue et quand je me suis réveillé, aux soins intensifs, j'ai compris que j'avais failli y passer ! On se demande quoi faire de son corps et c'est la mort qui nous attend...

La beauté de ces petites morts-là, c'est qu'elles font de vous des êtres plus libres qu'avant, je crois. En tous cas, j'en suis ressorti confronté à cette question : et si tout s'était arrêté là ? Qu'est-ce que je fais de ma vie maintenant ? Que dois-je faire vraiment ? J'ai eu une réponse quelque temps plus tard, quand j'ai vu l'invasion des gazières débarquer dans mon arrière-pays...

Nous éprouvons tous beaucoup de difficulté à rester là à ne rien faire. On se sent nul si on ne produit rien. Et sincèrement, je crois que c'est un des grands défis qui nous est posé comme être humain. Développer un art de vivre où nos besoins de produire – et de consommer, seront plus limités. Au profit d'un art de vivre où on aurait la capacité de s'attarder le temps qu'il faut à saisir les moments qui passent, où flotte une étude de Chopin, des moments qui ont plus de valeur parce qu'ils sont ceux de l'amour, de l'amitié ou de l'esprit. Ascétisme souverain, dirait le philosophe.

Mon père a vécu les plus beaux instants de sa vie dans la contemplation des choses, à la chasse aux canards dans les îles de Sorel, ou aux caribous dans la toundra du Grand Nord, ou à la pêche, à la perchaude sur le Lac Saint-Pierre, dans les rivières à saumon de la Côte-Nord. Ces moments au cœur de la nature ont été parmi ses plus grandes richesses... Comme haut fonctionnaire, il a consacré une partie de sa vie à créer des parcs, au Mont Ste-Anne, aux îles de Boucherville, au Massif de la Petite Rivière St-François, à Val-Jalbert. Ses responsabilités professionnelles et sa passion pour la chasse et la pêche l'ont un jour amené sur l'Île d'Anticosti. Aujourd'hui, des prospecteurs privés sont à en explorer le sous-sol, à la recherche de pétrole...

C'est pour défendre tout ce que représente Anticosti aujourd'hui pour moi, et pour nous tous, que j'ai commencé à écrire ce petit livre... Parce que nous sommes tous les citoyens d'Anticosti. Et que cette île est habitée par un rêve.

LA DÉMOCRATIE A BESOIN DE NOUS

Que devons-nous faire ? Que voulons-nous au juste, pour nous et pour la suite du monde ? Que sommes-nous prêts à faire pour le Québec ? Qui tirent les ficelles du pouvoir ? Les citoyens ou les professionnels de la politique ? Si on ne peut se fier aux leaders, à l'intégrité du gouvernement, à l'honnêteté des firmes privées qui ont remplacé des pans entiers de l'appareil d'État, ni à celle des banquiers ou à la clairvoyance des économistes, alors nous avons le devoir de nous y mettre. Chacun de nous. La démocratie a besoin de nous.

Le gouvernement invisible qui cherche à poindre n'apparaîtra dans toute son autorité que le jour où nous, le peuple, lui donnerons clairement cette autorité. L'expérience d'Obama aux États-Unis, dans sa volonté de réformer le système bancaire ou de l'assurance-santé, nous démontre les limites du leadership dans une société divisée où l'intérêt privé est tout-puissant face à l'intérêt public. Cette idéologie de la suprématie du privé qui a dominé nos esprits et nos institutions depuis 30 ans touche maintenant à sa fin. Le temps est venu de retrouver un peu de sens commun et de confiance en nous-mêmes. D'agir collectivement au bénéfice du bonheur de tous. De réinvestir l'État... tout en continuant à nous en méfier !

Nous vivons dans une société de plus en plus complexe et nos institutions démocratiques sont assurément mûres pour être réformées, pour être plus représentatives de la disparité de nos intérêts. Il faut retrouver le moyen de *confier des mandats* à nos élus sur la base de débats démocratiques nourris plutôt que de simplement leur *donner le pouvoir* et la liberté d'agir à leur guise jusqu'à la prochaine élection !

Il est de la plus haute importance que l'on retrouve le désir d'exprimer nos exigences et nos aspirations, c'est pour moi la grande leçon du printemps étudiant. Maintenant que l'automne arrive, commençons par exercer ce droit qui est l'un de nos plus puissants moyens : voter.

Dans certains pays, des hommes et des femmes se battent et meurent pour faire arriver la démocratie. Ici, avec des taux de participation en chute libre, notre sens de la démocratie est malade. Le printemps dernier, j'étais sidéré de constater que dans certains cégeps le quart seulement des étudiants se présentaient au vote de grève qui les concernait pourtant tous directement !

Après le printemps que nous avons connu, nous sommes à un moment charnière de notre vie politique. Après la qualité des discours tenus sur la place publique depuis deux ans en matière d'éducation, de justice sociale, d'utilisation des ressources, de réforme démocratique, d'économie sociale et d'environnement, il est plus qu'effarant de constater à quel point en période électoral l'espace démocratique est réduit. Là où l'on s'attendrait à une poursuite des débats fondamentaux soulevés dans de nombreux agoras, on ne retrouve dans la plupart des discours que des annonces stratégiques complètement déphasées avec la grandeur des enjeux et la qualité des réflexions politiques.

Est-il possible pour nous de sortir de la logique du tout ou rien ? De l'intérêt public contre l'intérêt individuel ? De l'État contre l'entreprise privée ? De l'écologie contre l'économie ? De la gauche contre la droite ? De la souveraineté contre le fédéralisme ? De la justice sociale contre la prospérité économique ? Non, sans doute. Je fais pourtant le vœu qu'il soit possible de mobiliser la population autour de la poursuite de réels débats, avec pour but d'établir un certain nombre de consensus suffisamment porteurs pour nous galvaniser et faire du Québec un monde meilleur.

Je rêve d'une force politique qui puisse se mettre en phase avec l'extraordinaire élan de démocratie et de mobilisation citoyenne que le Québec a connu ces derniers temps. C'est dans ce sens-là qu'il nous faut marcher. Rallier les forces créatrices, concilier les tensions et canaliser nos énergies vers un projet commun alliant résolument justice sociale, économie et écologie. Pour que ces consensus s'établissent, il importe de nous fixer un but commun : le bonheur de tous !

La prochaine élection n'est qu'une étape. Nous sommes divisés, mais les forces qui préparent l'avenir sont à l'œuvre. Elles sont à la base du gouvernement qui deviendra, je le souhaite, visible un jour en plein soleil.

Quel qu'il soit, le prochain gouvernement devra promptement procéder à une réforme du mode de scrutin et de notre fonctionnement démocratique non seulement pour mieux servir la diversité des points de vue qui nous constituent mais rétablir la légitimité démocratique qui doit présider à notre gouvernement.

Quelque soit notre prochain gouvernement, il faudra de notre côté que l'on continue de s'indigner. Il faudra aussi nourir notre capacité à nous rallier autrement. À notre capacité d'indignation devra répondre notre capacité de rêver ensemble. Pour nourrir l'idéal souverain de ce monde dans lequel nous voulons vivre.

Pour moi, tentant de me tenir en équilibre, au service de l'œuvre, je demeure

Votre tout dévoué,
Dominic Champagne

Je tiens à remercier Gérard, Michou et Julie Castonguay, Jocelyn Desjardins, François Parenteau, Alexis Martin, Rosemonde Gingras, Stéphane Mongeau, Patrick Leimgruber et Bruno Ricca pour leurs commentaires et leur complicité.

TABLE DES MATIÈRES

ACHEVÉ D'IMPRIMER EN AOÛT 2012
SUR LES PRESSES DE MARQUIS IMPRIMEUR INC.
À CAP-SAINT-IGNACE
SUR PAPIER SILVA ENVIRO, 100% POSTCONSOMMATION, CERTIFIÉ FSC.

CET OUVRAGE EST ENTIÈREMENT PRODUIT AU QUÉBEC.